呂思勉手稿珍本叢刊

中國古代史札録

18

婦女

户口

呂思勉 著

第十八册目録

婦女

婦女提要

「婦女」一包札録，内分兩札。大多是吕先生從《史記》《漢書》《晉書》《宋史》《齊書》《梁書》《南史》《魏書》及新舊《唐書》中摘出的資料，也有不少是讀《吾學録》《初民社會》《家族論》等書籍的筆記。

吕先生的札録，天頭或紙角寫有分類的名稱，如「婦女」「嫡庶」「婚姻」「昏制」等，有些也寫題頭，如第一頁「古酒皆由婦人制」。摘録的資料，或節録史籍的原文，並注明篇名卷第，如第八頁的録《晉書》資料，注見「卅二4下」「卅九2上」（即卷三二第四頁反面、卷三九第二頁正面）；未録史籍原文的，也在題頭下注明史料的出處，如第一〇三頁「出宫人任所適，舊十五3上；置寺觀，舊十五7上」（即《舊唐書》卷一五第三頁正面、第七頁正面）。有些札録還加有按語，如第六頁「按：以露面入殿爲非，則平時似雍敝其面」。其他如第六七、二四四頁，也有先生加的按語。第一札中《晉書》《宋史》《齊書》《隋書》與《南史》《北史》的資料，摘録時已做過文字的比對，並用紅筆標出異同。

「婦女」一包，也有一些剪報資料，此次整理只收録了一小部分；札録的手稿部分，均按原樣影印刊出。

婦女

古代婦人製衣

墨子尚法天志 婦人以為春酋‖徑

同階の？

待遇の？

歷史上地位

佛陸 葉選 王度德

21

華陽國志

劉後主延熙六年秋，以侍中董允〃〃〃

加輔國將軍守尚書令〃〃以侍中呂乂尚書郎

字釋之，口如今〃數〃〃之十二

汉东方朔传 汉作九市之宫
西游庆时 广幼百材于宫
中设九市

汲故郎鄦付條作實七本の

「禮天子娶九女摘勝異見」

（吕著）廷

士相見禮

「下大夫相見以雁」「上大夫相見以羔」

若舅姑既沒則婦入三月乃奠菜沒終也奠菜者以篚祭菜也蓋用堇疏若舅至奠菜○釋曰自此至饗禮論舅姑沒三月廟見之事必三月者三月一時天氣變婦道可以成之故也此言舅姑既沒者若舅沒姑存則當時見姑三月亦廟見舅若舅存姑沒婦人無廟可見或更有繼姑自然如常禮也案曾子問云三月而廟見稱來婦也擇日而祭於禰成婦之義也鄭云謂舅姑沒者也必祭成婦義者婦有供養之禮猶舅姑存時盥饋特豚於室此言奠菜即彼祭於禰一也奠菜亦得稱祭者若學記云皮弁祭菜之類也○注沒終至用堇○釋曰此注云奠菜者以篚案下云婦執笲菜篚即笲一也鄭知菜蓋用堇者舅姑存時用棗栗腶脩義取早起棗栗治腶自脩則此亦取謹敬因內則有堇荁枌榆供養是以疑用堇故云蓋也

席于廟奧東面右几席于北方南面廟考妣之廟北方墉下疏注廟考至墉下○釋曰案周禮司几筵云每敦一几鄭注云周禮雖合葬及時同在殯皆異几體實不同祭於廟同几精氣合又祭統云設同几同几即同席此即祭於廟中而別席者此既廟見若生時見舅姑舅姑別席異面是以今亦異席別面象生不與常祭同也鄭知廟考妣廟者曾子問云擇日而見於禰又象生時見舅姑故知考妣廟也

祝盥婦盥于門外婦執笲菜祝帥婦以入祝告稱婦之姓曰某氏來婦敢奠嘉菜于皇舅某子帥道也入入室也某氏者齊女則曰姜氏魯女則曰姬氏來婦言來為婦嘉美也皇君也疏釋曰洗在門外祝與婦就而盥之者此亦異於常祭象生見舅姑在外沐浴乃入舅姑之寢故洗在門外也云祝帥婦以入者象特牲陰厭祝先主人入室也云某子者言若張子李子也

士昏礼（儀礼六）

婦女

晉書五行志……二年七月癸亥，河南、魏郡暴水，殺百餘人。閏月，荊州郡國五大水，流四千餘家。去年采擇良家子女，露面入殿，帝親簡閱，務在姿色，不訪德行。有蔽匿者以不敬論。搢紳愁怨。天下非之。陰盛之應也。（四上 8上）案以露面入殿為非，則平時仍難藏其面

通房

晉書武帝紀泰始十年正月丁亥詔曰。嫡庶之別，所以辨上下。明貴賤。而近世以來，多皆内寵。登妃后之職，亂尊卑之序。自今以後，皆不得登用妾媵以為嫡正。（三62）

微時之妻得為夫人，不□見晉書禮志驃騎將軍溫嶠前妻李氏傳（卅152） 虞預謂自秦漢已來，廢一娶九女之制。近世無復繼室之禮。先妻卒則更娶。苟生加禮，亡不應貶。若說是也，應爵之云。微時之妻，不得並為夫人，若有追贈之命，則不論嫡侍。除王何二人夫人印綬。[illegible]不及李氏。亦與通房無異

晉書刑法志云稱繼母與親母同。防繼假之隙也。……則睹親世

婦女（通屋）

所致……（卅 紀）

婦爲人妾媵，婦無家求財。晉書簡文宣鄭太后傳（卅二 列傳）

晉書王沈傳：子浚……母趙氏婦，良家女也。貧賤，出入沈家，遂生浚。沈初不齒之。年十五，沈薨，無子，親戚共立浚爲嗣。（卅九 列傳）

爲門戶計屈節作妾。晉書列女傳周顗母李氏（六十六 列傳）

太子所生母同卑賤，與太子同（十五 紀） 宋書禮志

太后本微賤，以不歸嫁亦不服及嫁女及孫親（又）

國君所生親得除大夫人否？ 傳國君以庶子先出嫡勝，務爲同

同子不育又以收（又 五十一 紀）

宋書褚叔度傳：長兄秀之……不諧……高祖不王，女吳郡

衛公主子陶。虞生。宣公主以陶有才，素爲橋歐（見二十八上）

宋書后妃傳：孝武帝追崇庶祖母宣太后。議者或謂宜配食中宮。

裴松之：……二漢……無不配食。孰周陽秋……（見五上）

南史褚裕之傳：裕之兄子湛之，初湛之尚始安公主。薨，納側室郭氏。生彥回。後尚吳郡主。生澄。彥回事主孝謹。主愛之。湛之亡。主

表彥回爲嫡。

簡文宣鄭大后。嘉平時羣臣希旨，多謂應配食元帝。徐邈子[illegible]

豈可爲祖考立配。其崇尊盡禮，由於臣子，故同稱太后，祔葬配食

義所不可。從之。（見二十上）晉書后妃

太元十七年，太常車胤言：自頃有國公侯。至於卿士。庶子爲後。子

諱私情。服其庶母同之於嫡。(四九二) 晉咸則方物九月十八年

定爲永制(八二)

〔漢魏故事。王公群妾見於夫人。夫人不答拜。新禮以爲禮無不答。

更制妾拜以使夫人答妾拜。摯虞以爲禮。妾事女君如婦之事姑。

妾服女君期。女君不報。則敬與婦同。而又加賤也。名位不同。本

無酬報。禮無不答。新不謂此。……宜定新禮自如其舊。詔

從。晉書禮志〕(四六二)

徒取而適廟可並祀 吾學錄 十の4

妾可爲主 吾學錄 十の6

晋书武帝纪泰始九年，诏聘公卿以下子女，以备六宫。采择未毕，
权禁断婚姻。（三 六上）参晋书武元杨皇后传（卅 三下）胡贵嫔传（卅 七上）
又冬十月辛巳，制女年十七父母不嫁者，使长吏配之。（三 六上）
又孝武帝纪宁康二年八月，以长秋将建，权停婚姻。（九 三下）
婚之有年月，汉末始。郑氏婚物赞曰：华如择也。见晋书礼志（廿一 十上）
晋书礼志：汉魏之礼，公主居第，尚公主者来第成婚。司空王朗
以为不可，其后乃革。（廿一 十上）宋书礼志（十四 七上）
又五行志：咸宁……二年……大举采择良家子女。露面入殿，帝
亲简阅，务在姿色，不访德行。有蔽匿者，以不敬论。搢绅愁怨，天

下邳之。……（卅七紙）

晉書海西公紀：初生皇子，百姓歌曰：鳳皇生一雛，天下莫不喜。本言是馬駒，今定成龍子。……海西公不男，使左右向龍與內侍接，生子。以為己子。（卅八紙）

賈充女通韓壽，遂以妻之，見晉書充傳。（四十紙）

晉書魏舒傳：舒言選六宮，宜從御府丞擇貴重，使輕於三夫人宮侍、卿、九嬪、侍、五官中郎將、美人、良人，從備比秩，擇其同寢侍。（晉書舒傳）

晉書王濬傳：美姿貌。……州郡辟河東從事。刺史燕國徐邈有女才淑，擇夫未嫁。邈乃大會佐吏，令女於內觀之。女指濬告母。邈遂妻之。（四十二紙）

又劉頌傳：初頌嫁女臨淮陳矯，矯本劉氏子，與頌近親。出養程指。

陆姓陆氏。中正刘友谅之。孙兄。舜阝挑广陆四。本同根系。而世婚为婚。科律不禁。今与此同载。为婚可也。高春秋列上。为陆寯所止。始得不动。

晋书潘岳传：岳美姿仪。……少时常挟弹出洛阳道。妇人遇之者。皆连手萦绕。投之以果。遂满载而归。时张载甚丑。每行。小儿以瓦石掷之。委顿而反。（晋五 7下）

又荀崧传：子羡。年十五。将尚寻阳公主。羡不欲连婚帝室。仍?远遁去。监司追。不获。乃止。出尚公主。拜驸马都尉。（晋五 9下）

又刘聪载记：聪后呼延氏死。将纳其太保刘殷女。其弟乂固谏。聪更访之于太宰刘延年太傅刘景。景等皆曰。臣常闻太保自云周劉康公之孫。與聖氏本源既殊。納之為允。聰大悅。使其大鴻臚李弘拜殷二女為左右貴嬪……又納殷女孫四人為貴人。……詔弘曰……太保於朕。實自不同。卿言安乎。弘曰。太保胤自周。與聖原實別。陛下正以姓同為恨耳。且魏司空東萊王基。當世大儒。豈不達禮乎。為子納司空太原王沈女。以其姓同而源異故也。聰大悅。賜弘黃金六十斤。曰。卿當以此意諭吾子

聰紀。（百二上）

晉書列女傳杜有道妻嚴氏。字憲……年十三。適于杜氏。（九六上）

渾妻鍾氏。字琰。……年十三適渾。（又下）

宋書前廢帝紀。山陰公主淫恣過度。謂帝曰。妾與陛下。雖男女有

子尚同傳附載
時亮書至帝畢
作諸山謝翔三）
廣捨議以如是
自古左右可見人
時面首意議行
至南郡陰謝世
之蹟。（南史七七上）

撫俱託體先帝。陛下六宮萬數。而主惟駙馬一人。事不均平。一（後、百妾）
何至此。帝乃為主置面首（左右）三十人。進爵會稽郡長公主。秩同郡
王侯。湯沐邑二千戶。給鼓吹一部。加班劍二十人。帝每出與朝
臣常共陪輦。主以吏部郎褚淵貌美。就帝請以自侍。帝許之。淵
侍主十日。備見逼迫。誓死不回。遂得免。（宋七）二作（南史）
主首婚禮之與共制。咸康尋除。既為失禮。咸寧上禮不順者禮（見宋）
志廿
の語
宋書后妃傳。孝武文穆王皇后。……琅邪臨沂人。元嘉二十年。拜
武陵王妃。生廢帝。豫章王子尚。山陰公主楚玉。臨淮康哀公主
楚佩。皇女楚琇。康樂公主修明。世祖仁孝后甚有寵。上入便內

遐。后從陽與太后同還京都。立爲皇后。后父偃……晉丞相

導玄孫。尚書嘏之子也。母晉孝武帝女鄱陽公主。……偃尚高祖第

二女吳興長公主。……長子藻……尚太祖第六女臨川長公主

諱英媛。公主性妒。而藻別愛左右人吳崇祖。前廢帝景和中。

主讒之於廢帝。藻坐下獄死。主與王氏離婚。泰始初。以主適豫

章太守廬江何邁。未及成禮而邁薨。宋世諸主莫不嚴妒。太宗

每疾之。湖熟令袁慆妻以妒忌賜死。使近臣虞通之撰妒婦記。

左光祿大夫江湛孫斅當尚世祖女。上乃使人爲斅作表讓婚

曰。……太宗以此表遍示諸主。於是臨川長公主上表……

還身王族。守養弱嗣。……許之。

宋书顾濬传　濬居子六十人。多不遵法度（五十四上）

又王徽传　弟僧谦〻〻卒。〻〻〻以书告灵曰。〻〻弟由来意。谓妇人虽无子。不宜践二庭。此风若行。使可家有孝妇（六二上）

又武二王传　南郡王义宣多畜嫔媵。后房千余。尼媪数百。男女三十人。（六八上）南史十三上

又文九王传　始安王休仁子伯融。妃殷氏所生。殷氏吴兴太守冲女也。范阳祖翻。有医术。姿貌又美。殷氏有疾。翻入视脉。说之。遂通好。事泄。遣还家。赐死（七二下）

又颜延之传　延〻少孤贫。居负郭。室巷甚陋。好读书。无所不览。文章之美。冠绝当时。饮酒不护细行。年三十。犹未婚（七三上）南史卅四上

宋书文五王传：廬江王禕，太祖諸子，禕尤凡劣，諸兄弟蚩鄙之。南平王鑠薨，子敬淵婚，禕往視之，白世祖使伎。世祖答曰：婚禮不舉樂，且敬淵等婚，告假非宜也。（七九上）

又孝武十四王傳：豫章王子尚，太宗殞廢帝，稱太皇后令曰：子尚頑凶極悖，行乖天理。楚玉淫亂縱慝，義絕人經。並可於第賜盡。

……楚玉。山陰公主也。……楚玉肆情淫縱，以尚書吏部郎褚淵貌美，請自侍十日，廢帝許之。淵雖承旨而行，以死自固，楚玉不能制也。（八十下）

又周朗傳：世祖即位，普責百官讜言，朗上書曰：……女子十五不嫁，家人坐之。特雉可以娉妻妾，大布可以事舅姑，若待足而行，

則有司加糾。凡宮中女隸，必擇不復字者。庶家內役，皆令各有所配。要使天下無有鰥獨之生，無夭子之怨。（見六註）

宋書王景文傳：高祖第五女新安公主，先適太原王景深，離絕，當以適景文。固辭以疾，故不成婚。（見五註）

齊書海陵王紀：延興元年十月癸巳，詔曰：……肯勸撙撙，宜嚴更申明。必使禽帶以時，撙節自然。（見2上）

又禮志：永明中，世祖以婚禮奢費，敕諸王納妃，上御及六宮，依禮止棗栗腶脩，加以香澤花粉，其餘衣物皆停。唯公主降嬪，則止遺舅姑也。永泰元年，尚書令徐孝嗣議曰：……三加廢於王庭，六禮限於天朝。……又郊特牲曰：三王作牢，用陶匏，言古之

時無其字之稱。三重信之。而因太古之器。重老婦之始也。今惟
以方標示稱。而猶乘黄[illegible]共。又建屯以鎮。蓋出近儒後別有字矯。
雕書宗飾。亦屬彙鈔。……[illegible]自今王侯已下。[illegible]……皆亦
依古。以選司終醻之儀。並降金銀(塗)錢。自餘雜器。並用挺隅金
人執橋。足見當時物宗。宗備華侈。亦宜傳意。庶斷雕可移。移俗自淳。
參議並同。奏[illegible]（九桓）
手詔劉休倩帝明書記。據示比卿内。詔生揆養懷孕。使並獻入宫。
生子之後。閑其子母。於此家。每得十數。明帝桂陽王休範子也。黄
桂王亦非帝子。陰有把先為李道兒也。始蓄桂陽小。嘗自稱勁
李郎宗。帝陰物人掘。為我友劉著之。以妾異欠釵婦妹備其

面。帝曰：卿可即治之。何如。彥遠率爾應曰：聽聖旨。其夕遂賜藥

殺其妻。休妻王氏亦妒。帝聞之。賜休妾。敕與王氏二十杖。令休

於宅後開小店。使王氏親賣掃帚皂莢以辱之。其見親如此。卌

之九上　南史

又劉瓛傳：母孔氏。……瓛年四十餘。未有婚對。建元中。高

帝與司徒褚彥回為瓛娶王氏女。王氏穿壁挂履。土落孔氏床上。

孔氏不悅。瓛即出其妻。卌九之上　五十の上　南史

又王晏傳：弟詡。永明中。為少府卿。六年。敕位未登黃門郎。不得畜

女伎。詡與射聲校尉陰玄智坐畜伎。免官禁錮。可二之上

又孔稚珪傳：兄仲智妾李氏驕妒無禮。稚珪白太守王敬則殺之。

（四八九）

齊書孝義傳：何求，求母王氏為父所害，求兄弟以此每常悲泣，求殺不

（五四六）

又孝義傳：韓靈敏……兄靈珍……靈珍亡，無子，妻卓氏守節不嫁。慮家人奪其志，未嘗告語。靈敏事之如母。晉陵吳康之妻趙氏，少時夫亡，家欲更嫁，誓死不許。義興蔣儁之妻黃氏，夫亡不重嫁，逼之，欲赴水自殺，乃止。（五五○）

吳翼之母丁氏……丁長子婦王氏守寡，執志不再醮。州郡上言，詔表門閭，蠲租役。會稽人陳氏有三女，無男。祖父母年八九十，老耄無所知，父篤癃病，母亦不安，值歲饑，三女相率於西湖採菱蓴，更日

至帝貧賤。未嘗嚴亮。鄉里稱為新門。每引取為婦。長女自傷貧
獨。誓不肯行。祖父母為杜繼宗。三女自營積薪。為庵舍莫處。
謝隨東海王康伏女。父母亡故。父母痼疾。親國相事。鄉里不容。女絡
父母。遂往依難書。樵采夜績。以供衣食。父母俱卒。親營殯葬。負
土成墳。忽聞空中有聲云。汝至性可重。山神引杜驅使。汝可為
人治病。必得大富。女謂是魑魅。不敢從。遂得病積時。鄰舍人
有中溪蠱毒者。女試治之。自覺病便差。遂以此道為人治療。無
不愈。家產日益。鄉里多到醫之。以年老貌醜。誓守貞潔。不肯嫁。為
出戍[?]勤[?]記。（方[?]王[?]述[?]）（85）

梁書高祖丁貴嬪高祖阮[?]脩容[?]。……貴嬪時年十四。高祖納焉。（七頁[?]）

梁書任穆傳：吾女楚之殘，適會稽孔氏。無子歸宗。（四六孔）

又王臨傳：子孫為國干生。為擬與王女繫昌娉主。不重。為當生所嫌。遂離婚。（卅八）

又孝友傳：初袞與異郡伏章，皆有例室依學。閑指為擇婚。共語不乃庾男女。未及成昏而卒。亡。遺孤孫藐。於嘗婚怛了。及為林桂於。時有贊據諸婚姻者。袞曰：吾不失信於朋友。乃以良時娶之。又以女適章子。時稱於桂舊。（四冊八十 抑史 孔外）

又高祖三王傳：南康簡王績子會理。大理……會理第六弟也。生十旬而簡王薨。至三歲而能言。見內人分散，便泣相送。大理問其故。答曰：此簡王宮人，喪畢去尔。又理便悲泣不自勝。諸宮

人見之。莫不傳寫。為之停此三人焉。（四九五）

梁書顧協傳。少時將聘舅息女。未成婚而協母亡。免喪後不復娶。年至六十餘。此女猶未他適。協義而迎之。晚雖判合。卒無胤嗣。（卌）

南史
北史卷二八

又隋書傳。安喜去侍。太子侍妓數十人。善相此有意欲。是子鄉博許顧視之求婢寄。謂此名厥。遂出家為尼。嘗因齋會事定。既之乃我出了與章義。而自以事表奏聞。高祖惜其才。讓其妻於楊玄其論焉。（四三卌）

又陸續傳。母續之年十一。高祖不知其為陽公主。（卌四○）

又隋探傳。高祖時破陳事後。了宣華宮。陳后史風何妨蘭足。……

郡縣無此。本有品制。二八之錫。方物利於今言(之)始之矣。本有
等措。植(遷)(徙)(避)人。唯歷撫善。積在貧行。軍(倅)難(續)。（四八上）言
秦。高祖出無。召重為於前。曰授教書稱中……仰子言如好趙
臨。此有司之責。種然。亦有不同。貴此子蓋好樂。至於無附著為
撫。亦復不閒，宗有二八。子嘉女樂。此並(其)言之人。今有司撫
其翔事。（五六）
早有止呈侍郎盧之譯縁市大宗。有者婦弟歸此。少孀居無子。事
胃姑尤甚。又以射尊而撫之。孝孔不諱。無之財以東宅。教其節
新。（五二25）
不良吏傳孫謙(程)是雪慶。言之嫡。寄於議之(史)傳。(遂)聞起居。雪慶曰。向

詹。君之惡在吾太。於是增倍。又曰吾太專。（廿六上）南史（六三上）

陳書高宗二十九王傳：長沙王叔堅……以本號中衛靜和高宗衛將。帝往臨。叔堅遺還。及叔堅出。投林深。（廿八上）

南史后妃傳：文安王皇后：子紀。文惠太子即位。為皇太后。稱宣德宮。置男左右三十人。前代所未有也。（十八上）

南史孫廣嗣傳：又殺廢。韋元之子之書嗣其爵。嗣年少。朝廷不願有子。自此於地甚密。又以精衣杵舂其腹。每服[illegible]墮胎藥。胎竟堅。及生。以小字為追奴。（十五下）

又趙倫之傳：子伯符。子倩。尚文帝第四女海鹽公主。主嘗告倩。嘗因言戲。以手擊倩。事上聞。文帝遂離婚。伯符慚懼病卒。（十八上）

南史蔡廓傳：撙……為……吳興太守。初，撙在臨海，百姓楊元孫以婢採蘭貼與同里黃權，約生子酬乳哺直。權死，元孫就權妻吳贖婢母子五人，吳背約不還。元孫訴，撙判還本主。吳能為巫，出入撙內，以金釧賂撙妾，遂改判與吳。元孫撾登聞鼓訟之，為有司所劾。（卷二九）

南史劉孝綽傳：初，孝綽與到溉兄弟甚狎。溉少孤，宅近僧寺，孝綽往溉許，適見黃臥具，孝綽謂僧物色也，撫手笑。溉知其旨，奮拳擊之，傷口而去。又與到洽同遊東宮，孝綽自以才優於洽，每於宴坐嗤鄙其文，洽銜之。及孝綽為廷尉卿，攜妾入官府，其母猶停私宅。洽尋為御史中丞，遣令史劾奏之，云：攜少妹於華省，棄

母於下宅。靈帝而隱芳廡。所拂穿而漏。學者得往宅焉。（卅九）

庚寅，高帝詔子侍宜都王鏗於經中。劉瓛年未三十，不得當

其及劉寅等諸暨。鏗有勸鏗左右，鏗曰：不因不肯從俗。從先相

盡日。以其母而逝。（卅三）

不前。伯玉傳：初伯玉微時，有善相墓者，謂其父曰：君墓當出暴貴者

但不得久耳。又出失行女子。伯玉聞之，曰：朝聞道，夕死可矣。伯

玉姊當嫁，明日應行，今夕逃隨人去。家尋求不得，後遂

出家為尼。伯玉卒敗亡。（卅一）

不。陸慧曉傳：吏部郎，尚書令王晏選門生補內外要局，慧曉為

用數人而止。晏頗忿之。送女妓一人，欲與申好，慧曉不納。（四六）

南史梁宗室傳鄱陽忠烈王恢，十子，有男女百人。（五二 4b）

子王修傳：初，帝(?)以(?)梁(?)閒修隨(?)安(?)滕(?)一對(?)。蕭(?)罷(?)，良(?)家(?)妓(?)嫂(?)，及在南徐

州。友人以妾寵之。以薄遣張(?)孝(?)。為王蘭陵太守(?)，南康王長史(?)，世(?)劉(?)河(?)道(?)

融(?)所納，遂語南司。坐免官。（卷九 6b）

子範(?)鈞傳：畢(?)?帝(?)?(?)嶽(?)少好(?)學(?)。以女(?)妻(?)之(?)王(?)妻(?)劉(?)……自(?)娶(?)子(?)

以求(?)之(?)。主(?)子(?)隨(?)陸(?)第(?)川(?)。郡(?)與(?)主(?)分(?)。以陰(?)虐(?)鈞(?)形(?)貌(?)醜(?)小(?)。當(?)主(?)所(?)

惜(?)。妖(?)般(?)百(?)力(?)。先(?)漸(?)頭(?)為(?)髮(?)。嶽(?)家(?)鈞(?)頹(?)瘦(?)，用(?)以(?)出(?)。主(?)命(?)擇(?)君(?)而(?)反(?)

之(?)。鈞(?)不(?)住(?)妲(?)。而(?)亦(?)於(?)意(?)。以(?)降(?)為(?)立(?)辭(?)。錚(?)於(?)首(?)。並(?)樣(?)於(?)劉(?)。尚(?)

十(?)頁(?)

南史(?)梁(?)本(?)紀(?)賢(?)鮮(?)于(?)宗(?)……(?)婦(?)之(?)鄭(?)尚(?)氏(?)。七(?)日(?)而(?)夫(?)亡(?)。執(?)節(?)不(?)

婦女

搖山（七三頁）零陵王君之墟。據母衛穀瞭素。年十六而爲穀瞭素。

女始開嫁。咸朝操之。哲而不諱。乃截了豈嫁中。弟親乃止……

雍州刺史西方倩豫。取其義節。乃對榜標問。題曰貞女模標之

閭里爲標表。（七四頁）

晉無相賢之神，而有神既其慶會之義。晉書禮志（四九頁）

晉書刑法志賈充等定律，掌握要之要。一以下標而已。不擇私領。

（四六頁）

賈后道尉部小吏。晉書本傳（四八頁）

宋書文九王傳晉熙王昶紀謝氏，詔還其本家。（七二頁）南史作謝氏

江陵王妻吳某罵母黃令死。黃忿恨自經死。值赦。律文：子賊殺

傷。毆父母梟首。罵詈棄市。謀殺夫之父母亦棄市。值赦免刑補
治。江陵罵母。母以之自裁。重於傷毆。若同殺科。則疑重。用毆傷
及罵科。則疑輕。制唯有打母遇赦猶梟首。無罵母致死值赦之
科。淵之議曰。云云。江陵雖值赦恩。故合梟首。婦本以義。愛非天
屬。黃之所恨。情不在吳。原死補治。有允正法。詔如淵之議。吳免
棄市。宋書孔靖傳淵之請
而靈符子（五の21）
父人妾無子。可令庶子為之後。則妾之祭不無。惟子。宋書禮志（十七21）
娶者林邑俗嫁娶必用八月。女先求男。由賤男而貴女也。同姓還
相婚姻。使婆羅門引壻見婦。握手相付。咒曰吉利吉利。以為成
禮。（五の21）

梁母扶南侍人，性貪吝無禮義，男女淫其肯隨。（宋の卅上）

[illegible]宋太宗紀興國三年事。二月。庚戌，詔曰：[illegible]……非

大耕[illegible]，[illegible]相成，又以家給人足矣。其簡宫人非所當御及

執[illegible]技巧，自餘悉出。以[illegible]嫁。（三[illegible]卅）[illegible]自[illegible] 辛丑簡宫人[illegible] 五月[illegible]宫人[illegible]

又世祖紀大定元年正月癸未，出太祖太宗宫人，令得嫁。（の上）[illegible]

又高祖紀天和二年三月丁亥，行幸代之湯泉，所過問民疾苦，以

宫人女[illegible]無[illegible]。（七上）三年三月[illegible]，帝[illegible]大皇太后[illegible]

付[illegible]醫，問民疾苦[illegible]，以宫女[illegible]。（[illegible]）七月壬寅，詔宫

人年[illegible]及疾病[illegible]。（[illegible]）五年三月辛卯朔，大赦天下。

又七年十有二月[illegible]詔曰：[illegible]

同姓之娶○。斯皆教隨時設○，政（攻）因事改者也○。皇運初基○，中原未混○，
撥亂經綸○，日不暇給○，古風遺樸○，未遑釐改○，後遂因循○，迄茲莫變○。
朕屬百年之期○，當後仁之政○，思易質舊○，式昭惟新○。自今悉禁絕
之○。有犯（者）以不道論○。（已上紀上）北史三作
太和十三年九月出宮人○以賜北鎮人貧鮮無妻者○。（已下紀上）北史三作
太和二十年五月○詔曰○：……皇族貴戚○及士民（庶）之家○，不惟氏族，高下○
與非類婚偶○。先帝親發明詔○，為之科禁○，而百姓習常○，仍不肅改○。
朕今憲章舊典○，祗案先制○，著之律令○，永為定準○。犯以違制論○。
（已上紀下）北史三作 十七年九月又詔厮養之戶○不得與士民婚○。有文武
之才○，積勞應進者○，同庶族例聽之○。（已下紀下）

魏書高祖紀太和二十年七月丁亥，詔曰：……又夫婦之道，生民所先，仲春奔會，禮有達式。男女失時者，以禮會之。見廿

又世宗紀[illegible]

又世宗紀正始元年六月癸巳，詔曰：早……男女怨曠，務令媾會。

只廿

又肅宗紀正光二年七月癸丑，詔曰：時澤弗濡……男女怨曠，務令會媾。見廿

又皇后列傳……昭成之前，世崇儉質，妃嬙嬪御，率多闕焉，惟以次第為稱。蓋無適……太祖……始立中宮，餘妾或稱夫人，多少無限，然皆有品次。世祖稍增左右昭儀及貴人、椒房、中式數等，後庭漸已多矣。又魏故事，將立皇后，必令手鑄金人，以成者

內書不明則不得立也。庶出無嗣，又出祖高宗嫡係母嫡前了

因其極為宗之親屬，此與鮮卑內係，適高祖改定內官（注）

款

魏書太武五王傳：孝友，臨淮王譚曾孫，孝靜帝時奏表曰：「古諸侯娶九

女，士有一妻二妾。晉令：諸王置妾八人，郡公侯妾六人。官品令：

第一第二品有四妾，第三第四有三妾，第五第六有二妾，第七

第八有一妾。……而聖朝忽棄此數，由來漸久，將相多尚公主，王侯娶后族。

故無妾媵，習以為常。婦人不幸，生逢今世，舉朝略是無妾，天下

殆皆一妻。設令人強志廣娶，則家道離索，身事迍邅，內外親知，

共相嗤怪。此亦鮮卑俗。凡今之人，通無準節。父母嫁女，則教之

以妒；姑姊逢迎，必相勸以忌。以制夫為婦德，以能妒為女工。自

云不受人欺，畏他笑我。王公猶是一心，已下何敢二意。東平無子，由何

猶有之。妒婦人夫妒忌之心生，則妻妾之禮廢，〻〻〻〻，則

媵不妒者也。

姦淫之兆興。斯臣之所以毒恨者也。請以王公第一品娶八，

通妻以備九女；稱事二品備七；三品四品備五；五品六品則一

妻二妾。限以一周，悉令充數。若不充數，及待妾非禮，使妻妒加

捶撻，免所居官。其妻無子而不娶妾，斯則自絕，無以血食祖父，

請科不孝之罪，離遣其妻。……亦得使王侯將相功臣子孫苗

胤滿朝，傳祚無窮，此臣之志也。詔付有司議奏，不同。北齊書元孝友傳

魏書獻文六王傳：咸陽王禧，性驕奢，貪淫財色，姬妾數十，意尚

未已，衣被繡綺，車乘鮮麗，猶遠有簡娉，以恣其情。由是昧求貨

婦好擇子戰。田業遺錢。編於違逆。臣吏僮隸。相繼經營。世宗斷
丞江。…… 世宗頗覽政。禮言不如。…… 謀反。…… 故寓積。……
朋 乃與計謀以至首訴。言及一二愛妾。以至哭。且罵之。詠唯多取
母擇婦。舍無財物。略難修改。論今日之事。何復爲問。母勤積儲
而無音。逢阿死私第。妃一上下　高陽王雍之妃盧氏薨。後
納博陵崔顯妹。甚有色寵。欲以爲妃。世宗初以崔氏世號東崔。
地寒望劣。難之。久乃聽許。延昌已後。多幸妓侍。近百許人。而疏
棄崔氏。別房幽禁。不得關豫內政。僅給衣食而已。至乃左右無
復擇偶。子女列有其數。而啟聞許。乃得見。其崔氏暴薨。多云雜
毆殺之也。當大后詐稱男女侍。未及送之。雍遇其閹豎丁鑒。自

至宮內料簡之。叫冒以其遣家。太后責其專擅，追停之。（北）北海王詳。初大和末，詳以少而延愛。景明初，復以季父崇寵，位望兼極，百寮憚之。而貪冒無厭，多所取納，公私營販，侵剝遠邇，嬖狎群小，所在請託，珍麗充盈，聲色侈縱。建飾第宇，開起山池，所費巨萬矣。又於東掖門外大路之南，驅逼細人，規占第宅。至有喪柩在堂，請延至葬，而不見許，乃令輿櫬巷次，行路哀嗟。詳母高太妃，頗亦助為威虐，親命毆擊，怨響嗷嗷。妃宋王劉昶女，不見答禮。寵妾范氏，愛等伉儷。及其死也，痛不自勝，乃至葬訖，猶毀隧視之。表請贈平昌縣君。詳又蒸于安定王燮妃高氏，高氏即茹皓妻姊。藉勢左右，聞當招來。詳既事附於皓，又緣擇擬，推來

綱紀。……以為高肇所譖。云詳與皓等謀為逆亂。……世宗在[illegible]
中尉崔亮入禁。勒糾詳貪淫。……免為庶人。……別營館於洛
陽縣東北隅。……以徙詳居之。令其家人對之。[illegible]陰結黨輩。
欲以為變。……窘密。……詳之初禁也。乃以蒸高事告母。〻
大怒。詈之苦切。曰。汝自有妻妾侍婢少盛如花。何忽共許高麗
婢姦通。令致此罪。我得高麗。當啖其肉。乃杖詳背及兩腳百餘
下。自行杖。力疲乃令奴代。高氏[illegible]素嚴。詳每有微罪。常加責罰。以
絮裹杖。至是。去絮。皆至瘡膿。詳苦杖。十餘日乃能立。又杖其妃
劉氏數十。云。新婦大家女。門戶匹敵。何所畏也。而不檢校夫婿。
婦人皆妒。獨不妒也。劉笑而受罰。卒無所言。（卅一上）13上

魏書孝文五王傳：京兆王愉，世宗為納順皇后妹為妃，而不見禮
荅。愉在徐州，納妾李氏，本姓楊，東郡人。夜聞其歌，悅之，遂被寵
嬖。罷州還京，欲進貴之，託右中郎將趙郡李恃顯為之養父，就
之禮逆，產子寶月。順皇后召李入宮，毀擊之，強令為尼於內，以
子付妃養之。歲餘，后父于勁，以后久無所誕，乃上表勸廣嬪侍。
因令后歸李於愉，舊愛更甚。……出為冀州刺史。……即皇帝
位……立李氏為皇后。世宗詔尚書李平討愉。……愉知事窮，
攜李及四子數十騎出門，諸軍追之，見執。……詔徵赴京師，申
以家人之訓。愉每止宿亭傳，必攜李手，盡其私情。雖鎖縶之中，
飲賞自若，略無愧懼之色。至野王，愉語人曰：雖主上慈深，不忍

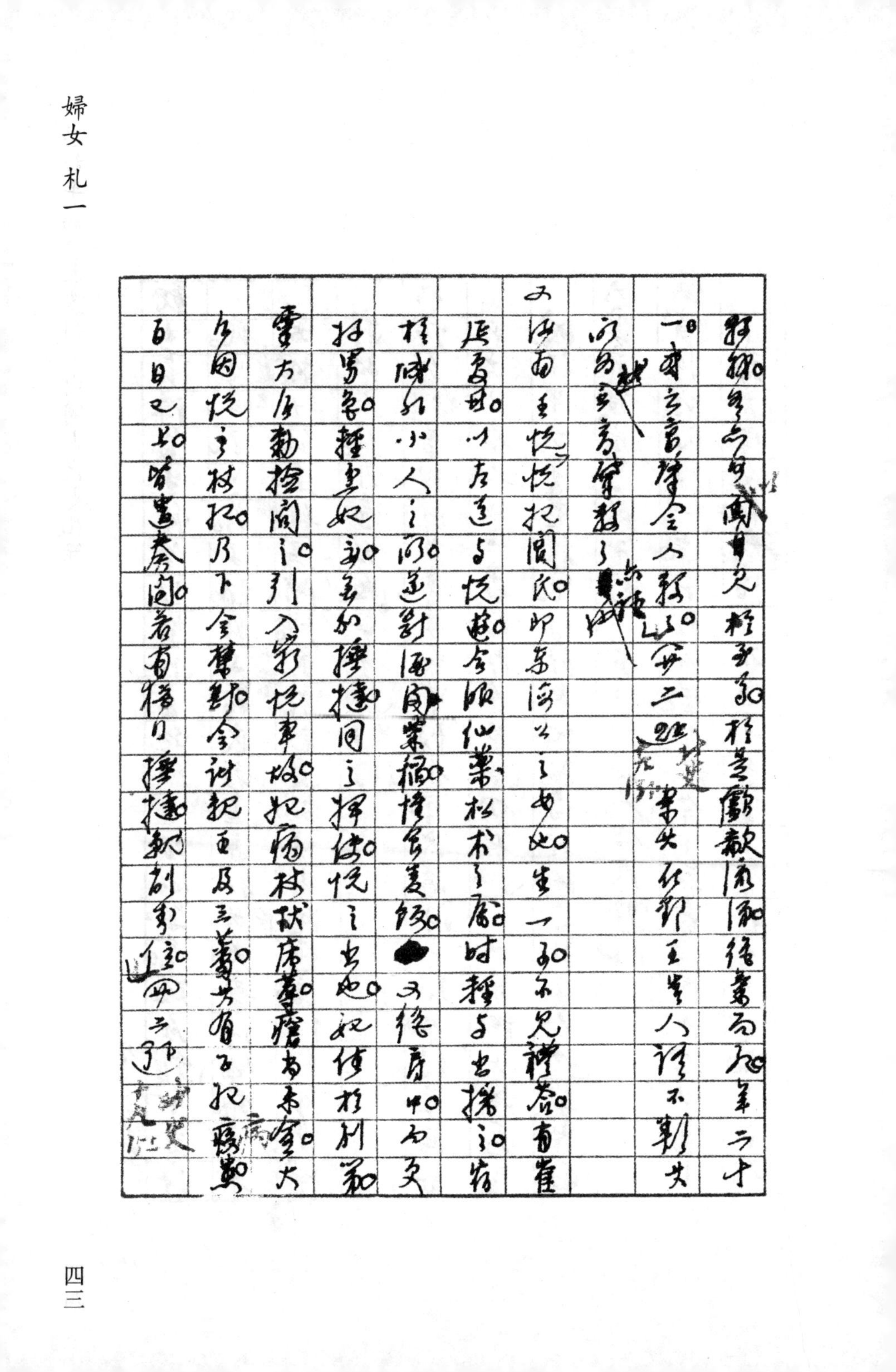

[illegible]

魏書長孫道生傳：曾孫稚，字承業……妻張氏。生二子：子彥、子裕。後與羅氏私通，遂殺其夫，棄張納羅。羅年大稚十餘歲，妒忌防限。稚雅相愛敬，旁無姬妾，僮侍之中，嫌疑致死者，乃有數四。北史同。

又穆紹傳：高祖以其貴臣世胄，顧念之。以九歲除員外郎，侍學東宮，轉太子舍人。十一，尚琅邪長公主。北史同。又平城早葬。高祖……

又奚斤傳：斤有數十婦，子男二十餘人。北史同。

又崔浩傳：神瑞二年，秋穀不登。太史令王亮、蘇坦因華陰公主等言……勸太宗遷都。浩與特進周澹言……大

宗室世子。……附傳云各一人。……此五（四）

新書壹楚龍傳子寶興暨盧遐妻。崔諧女也。初寶興與及遐妻

傳李。諧語曰。此等婦來所生。皆鍾之自出。可指陵為親及撫。浩

為撫儀。初自豐親。語訓家曰。此家禮事。重居其壽。（四八姓）此史 25

以陸巖傳。巖二妻。長曰杜氏。次陳氏。長子宇圖。杜氏所生。次叡傳

氏所生。（以四子坐此姓）初寶國取河東柳氏。生子安保。涵範陽盧

度與如生所云。二家俱為舊族。而嫡妻不如寶國之[illegible]。兩子[illegible]

韓文學。傳李沖。有寵于度與子。叔祖挽。沖遂左右（伯源宗孫傳受並傳名說）

即聯所所由是遂為至。職位齊家。與保與魔多大。亦足觀之

時以高祖公主……婦去振系。以昕之姊子。而細之[illegible]（48）廿八[illegible]

女華山公主

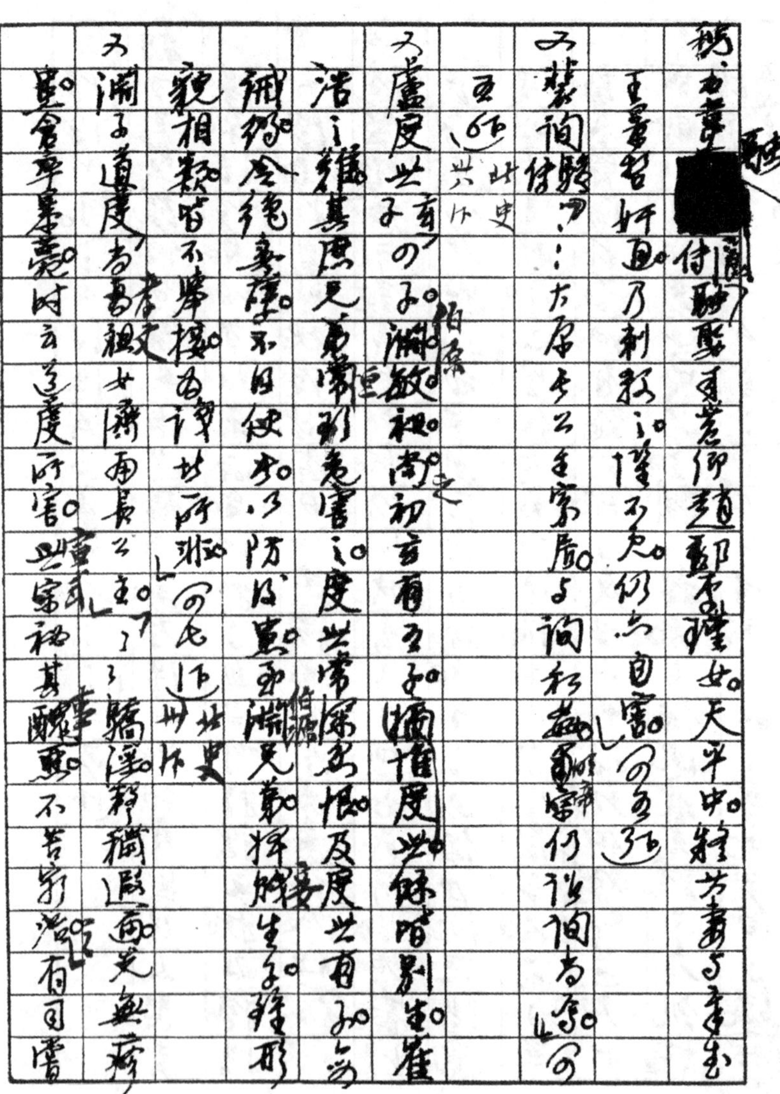

尋道虔為國子博士，靈太后追主葬事，乃黜道虔為民，終身不
仕。（同七7上）北史卅卷
又盧元明傳：元明凡三娶，次妻鄭氏與元明兄子士啟淫汙，元明
不能離絕。又好以世地自矜，時論以此貶之。（同七8上）
又盧玄傳：子度世之子淵、敏、昶、尚。淵有八子，長子道將閨門之禮，
為世所推。淵兄弟亡，及道將卒後，家風衰損，子孫多非法，帷薄
混穢，為論者所鄙。（同七8下）又盧氏同居共財，自祖至孫，家內四
百口。同居有此數也。
魏書高允傳：允以高宗纂承平之業，而風俗仍舊，婚娶喪葬，不依
古式。允乃諫曰：前朝之世，屢發明詔，禁諸婚娶，不得作樂，及葬

送之日。歌謠鼓舞。殺牲燒葬。一切禁斷。雖條旨久頒。而俗不革

變。將由居上者未悛改。為下者習以成俗。……今諸王納室。

皆樂部給伎。以為嬉戲。而獨禁細民。不得作樂。此一異也。古之

婚者。皆揀擇德義之門。妙選貞閑之女。先之以媒娉。繼之以禮

物。集僚友以重其別。親御輪以崇其敬。婚姻之際。如此之難。今

諸王十五。便賜妻別居。然所配者。或長少差舛。或罪人掖庭。而

作合宗王。妃嬪藩懿。失禮之甚。無復此過。往年及今。頻有檢劾。

（劾之）誠是諸王。過婦妻。跡其之致。亦由色衰相棄。致此紛紜。

今皇子娶妻。多出宮掖。令天下小民。必依禮限。此二異也。（以上）

魏書趙令勝（逸）傳。令勝寵惑妾潘。離棄其妻羊氏。夫妻相訟。迭發陰

秘醜穢之事，亂於朝野。（卷二上）

魏書李孝伯傳：孝伯妻崔賾女，高明婦人，生一子元顯。崔氏卒，
納翟氏，不以為妻也，憎忌元顯，後遇劫，元顯見害。世云翟氏所
為也。（卷五三，北史卅三）

又鄭羲傳：自靈太后預政，淫風稍行，及元乂擅權，公為姦穢，自此
素族名家，遂多亂雜，法官不加糾治，婚宦無貶於世，有識咸以
歎息矣。羲五兒，長曰懿，次小白，次洞林，次叔夜，次連山，並恃豪
門，多有無禮，鄉黨之內，疾之若讎。（卷五六）　幼儒，丞相高陽王
亂伯—幼儒　雍以女妻之。幼儒亡後，妻淫蕩凶悖，棲則
小白—平城—伯猷　年識從兄伯猷，每謂所親曰：從弟人才是

而令德不幸，自致此禍。今免官重究，可爲歎息。　伯獻……除
……南青州刺史。在州貪惏。妻安豐王之延明妹，專肆聚斂，貨
賄公行。潤及親戚，戶口逃散，邑落丘虛。乃詭言良民云將反叛，
籍其資財，悉以入己。誅其丈夫，婦女配役，百姓怨苦，聲聞於遠。
爲御史糾劾，死罪數十條，遇赦免，因以頓廢。方文襄王作相，每
誡屬能士，常以伯獻及崔叔仁爲諭。（今亦如此　見北史）

魏書劉昶傳：義隆第九子。前尚武邑公主。[illegible]而公主薨，更尚建興長公
主。公主薨，更尚平陽長公主。嫡子承緒，主所生也。少而
尫疾。尚高祖妹彭城長公主，爲駙馬都尉，先昶卒。長子文遠。
次輝。……輝情疎狂，粗險不拘守，其躁秀，性輕薄，未多罪

至。乃以為世子。襲封。正始初。尚蘭陵長公主。世宗第二姊也。拜員外常侍。公主頗嚴妬。輝嘗私幸主侍婢。有身。主笞殺之。剖其孕子。節解。以草裝實婢腹。裸以示輝。々遂忿憾。疏薄公主。々々姊因入聽講。言其故於靈太后。々々敕清河王懌窮其事。懌與高陽王雍廣平王懷奏其不和之狀。無可為夫婦之理。請離婚。削除封位。太后從之。公主在宮周歲。高陽王及劉騰等皆為言於太后。々々慮其不改。未許。雍等屢請不已。聽復舊義。太后流涕送公主。誡令謹慎。正光初。輝又私淫張陳二氏女。公主更不檢惡。主姑陳留公主。共相扇獎。遂與輝復致忿爭。輝推主墮牀。手腳毆蹈。主遂傷胎。輝懼罪逃逸。靈太后召清河王懌決其勒二家女髡笞付宮。兄弟皆坐鞭刑。徙配敦煌為兵。以主因傷殞薨。太后親臨慟哭。舉哀太極東堂。出葬城西。太后親送數盡哀而還。謂侍中崔光曰。向哭所以過哀者。追念公主為輝頓辱非一。乃不關言。能為隱忍。古今寧有此。此所以痛也。收執輝於河內之溫縣。幽於司州。將加死刑。會赦得免。三年。復其官爵。遷征虜將軍中散大夫。の年。輝卒。家遂衰頓。無復可紀。至九經

魏書薛安都傳。安都從祖弟真度。有子十二人。以真度諸子既多。其母非一。同産相朋。因有憎愛。興和中。遂致訟鬩。云以毒藥相害。顯在公府。發揚疵釁。時人恥焉。不可殫北史作

又裴叔敦付子元寶謂子入國敕。初娶東平劉氏。有四子。祖杞。祖驥。

祖歸、祖旋。賜妻元氏，生二子：祖榮、祖暉。祖朽最長，祖暉次，祖旋。故業實事。雖先貴，以賜之妻子皆承嫡，所以劉氏先亡。祖暉不服重。元氏後卒，祖朽等三年終禮。（六一　此迹）諸畢皆從不之榮貴。但帷薄不修，爲時所鄙。（延）

魏書張讜傳：初，讜妻皇甫氏被掠，賜中官爲婢，皇甫遂乃詐痴，不能梳沐。後讜爲劉駿冀州長史，因貨千餘匹購求皇甫。高宗怪其納財之多也，引見之。時皇甫年垂六十矣。高宗曰：南人奇物，能重室家之義。此老母復何所任，乃能如此致費也。皇甫氏歸，讜令諸妾境上奉迎。數年卒。卒後十年而讜入國。（六一　延）

又高聰傳：聰有妓十餘人，有子無子，皆注籍爲妾，以悅其情。及病，

而時代人好以某令撓指否矣。出家為尼。（六八[illegible]）北史卷[illegible]上 不適

魏書袁翻傳：翻弟躍，躍弟颺，颺弟昇，颺死，昇通其妻，翻甚慙恚，為之發病。昇終不止。時人鄙穢之。（六九[illegible]）

又夏侯道遷傳：譙國人。少有志操。年十七，父母為結婚韋氏，道遷辭以懷四方之志，不願取婦。家人咸謂戲言，及至婚日，求覓不知所在。於後訪問，乃云逃入益州。（七一[illegible]）

正室。惟有庶子數人。（[illegible]）北史 卷[illegible]上 卅下

又李元護傳：子會，會頗驕縱。其妻，南陽太守清河房伯玉女也，甚有姿色。會不答之。房乃通於其弟機，因會飲醉殺之。機與房遂為夫婦，積十餘年。房氏色衰，乃更婚娶。元護不靜。

……性甚貪忍。見已索斂，便剝脫諸妓服玩及綵財物。（下略）

魏書李惠（外戚）傳：父蓋。初，世祖（太武）妹武威長公主，故涼王沮渠牧犍之妻。世祖（太武）平涼州，頗以公主通密計助，故寵遇差隆。詔蓋尚焉。蓋妻與氏，以是而出。（卷八三上外戚）北史卷八〇

又高肇（外戚）傳：兄子猛，尚長樂公主，即世宗（宣武）同母妹也。公主無子，猛先在外有男，不敢令主知，臨終方言之，年三十矣，乃召為喪主。（卷八三下）北史卷八〇外

又孝感傳：長孫慮，代人也。母因飲酒，其父真呵叱之，誤以杖擊，便即致死。真為縣囚執，處以重坐。慮列辭尚書……乞以身代……高祖詔特恕其父死罪，以從遠流。（卷八六孝感）北史卷八四孝行

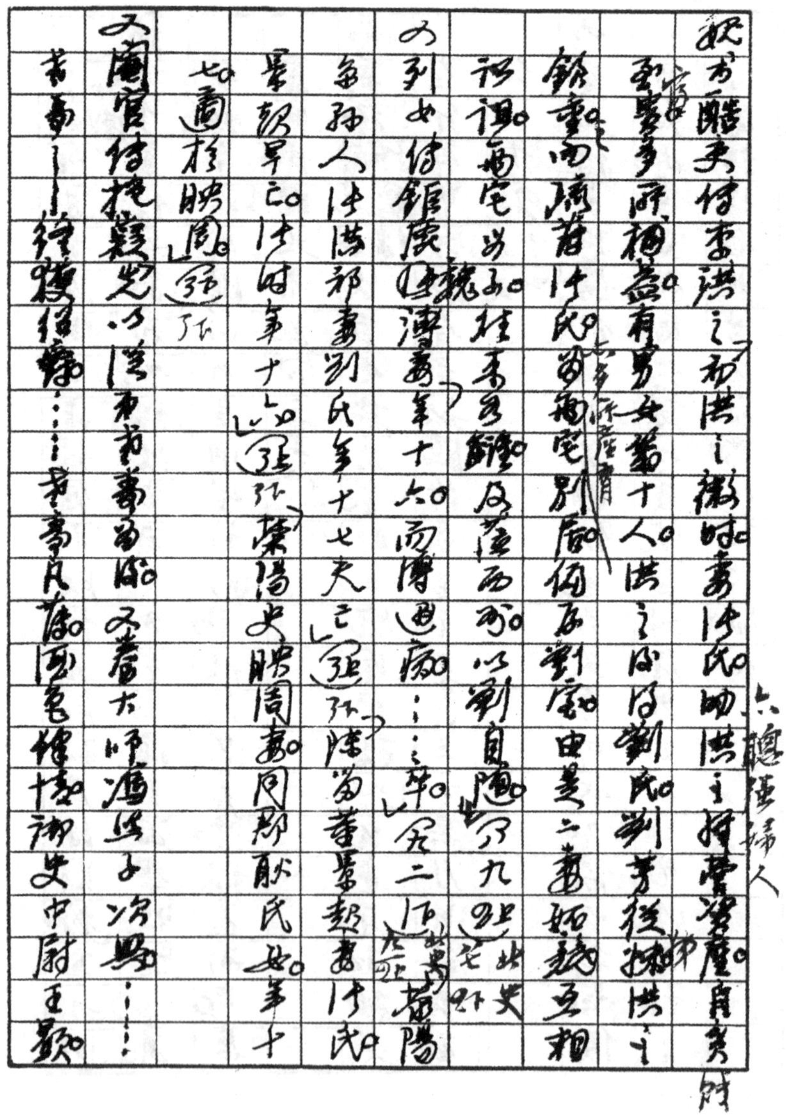
六、膽悍婦人

魏書酷吏傳李洪之：初，洪之微時，妻張氏助洪之經營資產，自貧至貴，
多所補益，有男女幾十人。洪之後得劉氏，劉芳從妹。洪之
欽重而疏薄張氏，為兩宅別居，偏厚劉室。由是二妻妒競，互相
訟詛，兩宅母子，往來如讎。及蒞西州，以劉自隨。
又列女傳：鉅鹿魏溥妻……年十六而溥遇疾……卒，時年二十……
滎陽人張洪祁妻劉氏，年十七夫亡……陳留董景起妻張氏，
景起早亡，時年十六。滎陽史映周妻，同郡耿氏女，年十
七，適於映周。
又閹官傳抱嶷，以從弟老壽為後。又養太師馮熙子次興……
老壽——續娶……老壽凡薄，酒色肆情，御史中尉王顯

虞言風閣第海州刺史陰平子石崇。積財將軍掩老奪寡蕩非執，焉當而蕩。……即括籍閣。皆與風閣等差。……蕩第在後命。遂迎其妻妻常氏。其人年童。府桂道路。其事……買女三人。莫知謹子。……請以兇事免官。付廷尉理罪。河陰割籍。詔可。其書妻常氏。蓄亂而女也。……（見四五下）

魏書高車傳斛律部帥倍侯利勇健過人。奮戈陷陳。有異於眾。北方之人畏嬰兒啼者。語曰倍侯利來。便止。處女歌謠云。求良夫。當如倍侯。其服眾如此。（見三四）

魏書官氏志。太宗永興中。頗有改異。諸隨宮人。非所當御。及非執作技巧。自餘出嫁鰥民。（見[illegible]）

魏書獻文六王傳：趙郡王幹子謐。世宗初，襲封。幹妃穆氏表謐母趙等悖禮愆常，不遜日甚，尊卑義阻，母子道絕。詔曰：妾之於女君，猶婦人事舅姑，君臣之禮，義無乖二。妾之於其君，禮加如子之敬，何得黷我風政？可付宗正，依禮治罪。

又崔道固，見崔玄伯傳。其父輯，南徙青州，泰山太守。道固賤出，嫡母兄攸之、目連等輕侮之。輯謂攸之曰：此兒姿識如此，或能興人門戶，汝等何以輕之？攸之等遇之彌薄，略無兄弟之禮。時劉義隆子駿為徐兗二州刺史，得辟他州民為從事。輯乃資給道固，令其南仕。既至彭城，駿以為從事。道固美形容，善舉止，便弓馬，好武事。駿稱嘉之。會青州刺史新除，過彭城，駿謂之曰：崔道固人身如此此蓋可爲寧之古郡者乎。而世人以其儒雅，便相陵侮，可爲歎息。

書翰頗多至繁。顧爲主簿，持論中，以爲戴逵、謝子參軍事，稱善。

閨中州蕃人。季史已下。皆謂道韞。韞之謝見等盈道韞所生母

自矜家史，稱家聲。道韞聞攝取。謂家曰。家無人，加者，稱自執

勸家。記家者知其是而所作。誠欲將詢其母。之謂道韞曰。我家

而其以稱貴家，宜參稱。謝家者稱其道韞以如。謝其說是也

此史九上 的止

神武帝后段和財神武後騁已付 此司書庫 西魏后於民社士

要獻付九 此司書庫 東山等附會騰諸無不西行

此司書琅邪王儼三子武帥祖錦安之進爲楚帝后 儼諡楚恭哀 帝以慰太后

年亡乃據高山（十六北）北史五二

北齊書神武紀武定三年神武請釋芒山俘桎梏配以民間寡婦

（二北）北史六北

又文襄紀尚孝靜帝妹馮翊長公主時年十二（三北）北史六北

又文宣紀天保七年十月發山東寡婦二千六百人以配軍士有夫而濫奪者什二三（四北）北史天保六年三月發寡婦以配軍士（七北）此條北史無

又武成紀神武方招懷荒遠乃為帝聘蠕蠕太子菴羅辰女號隣和公主帝時年八歲冠服端嚴神情閑暇華戎歎異（七北）北史八北

又陳元康傳魏尚書僕射范陽盧道虔女為右衛將軍郭瓊子婦瓊以死罪沒官高祖啟以賜元康為妻元康乃棄故妻李氏識

廿非之（卅四頁）

（北史）韋孝寬傳：魏東平王元匡妾張氏淫佚，放恣，瑱初與私通，後

納以為婦。或有譏言，遂出其妻杜氏。不謂其下家，因緣互競相告

利深，為世所譏鄙（卅六頁）

（又）王昕傳：弟晞無子，高孝昭將賜之妾，使小黃門就宅宣旨，皇后

相聞晞妻，晞令妻答，妻終不言，晞以手撫胸而退，市閭之笑（卅

一（卅七）北史 苗吐 孝諒傳子，右僕射

（又）高乾傳：永樂長兄子（乾父翼）永樂（翼）子七命負錢，出年五十餘，始被收葬

（卅五）（魏收傳）崔㥄好加彈劾……好及錢生而仙周光宗嵩

錄圖山怖懼上籍書遺置御按侍（四七頁）

（北）齊書魏收傳　收娶其舅女崔昂之妹，產一女，無子。魏太常劉芳
孫女、中書郎崔肇師女，夫家坐事，帝■宣（文）賜收為妻，時人比之
賈充置左右夫人。然無子。後病甚，恐身後嫡媵不平，乃放二姬。
及疾瘳，追憶作懷離賦以申意。（四七）北史五六列傳
（又）袁聿修傳　遷司徒左長史……領御史中丞。司徒錄事參軍
盧思道私貸庫錢四十萬聘太原王乂女為妻，而王氏已先納陸
孔文禮娉為定，聿修坐為首僚，又是國之司憲，知而不劾，被責
免中丞。（四二）北史四七列傳
（又）封述傳　前妻河內司馬氏一息，為娶隴西李士元女，大輸財聘，
及將成禮，猶競懸違。述忽取供養像對士元打像作誓，士元笑

日本之何處常以應多儒須著便用一直要花陽盧莊之女述

又陳繼儒附託云道巖乃嬉脚踐踔因別云鹹薦銅簪又插古廢簪

西晉曹所及易綫絹繡(四)三上 北史

事文類聚到宮付素葉園門修飾而世所稱一門女不再醮

魏太和中於兖州造一尼寺名常居寺女子婦並於寺為尼感存

戚到延天統中興者有畢義雲年老初為中丞義雲感稱門閥

……到著云……豈若我……男清女貞……蓋譏義雲之帷

北齊書(四)三上 北史 光卅

周書武帝紀建德三年正月癸酉詔自今以後男年十五女年十

三已上爰及鰥寡所在軍民以時嫁娶務從節儉勿為財幣稽

留（五紀）北史十作

周書武帝紀建德六年六月丁卯詔曰同姓百世婚姻不通蓋惟
重別周道然也而娶妻買妾有納母氏之族雖曰異宗猶爲混
雜自今以後悉不得娶母同姓以爲妻妾其已定未成者即令改
聘（六紀） 宣帝紀詔制九條宣下州郡七曰母族絕服外者聽婚
大十一月詔曰……劉曹已降等列彌繁選擇遍於生民命秩方
於庶職椒房丹地有衆如雲本由嗜欲之情非關風化之義朕
運當澆季思復古始無容廣集子女屯聚宮掖弘贊後庭事從
約簡可置妃二人世婦三人御妻三人自茲以外其宜減省（六紀）
北史十作 後宮嬪御不過十餘人（九紀） 盡詔妃嬪已下無子者悉放
還家（九紀）北史十作

周書晉蕩公護傳：齊主……為其母……仍令人為閻作書報護曰：……吾自念十九入汝家……（十一頁）

又崔猷傳：時婚姻禮廢，嫁娶之辰多舉音樂，又廛里富室衣服奢淫，乃有織成文繡者，猷又請禁斷，事並施行。（四五頁）

又樂運傳：運……輿櫬詣朝堂，陳帝八失……其四曰……大象初臨四海，德惠未洽，先搜天下美女，用實後宮，又詔儀同已上女不許輒嫁……（四五頁）

又蕭詧傳：又不好聲色，尤惡見婦人，雖相去數步，遙聞其臭，經御婦人之衣不復更著。（四八頁）

又高頍傳：言齊鄴城不簡親疏，乃至男女同川而浴，共室而寢，風俗物

「婦人淫奔俗多」「有情好者男女相悅者即爲之男家送財酬直」

淫不以爲愧有好女者夫無常人婚嫁之禮聘財多寡受財（聘之禮亦有）

者謂之妻拜佛甚恭（四夷共）之」（同九2上）隋書附國傳 書此可見夫婦乃後起之制

妻則擇不以於非奴擇此爲宮數自之多女先擇男始後即擇夫也（隋書新羅傳婚嫁之禮唯酒食而已輕重隨夫之貧富也）

（又）又有神廟二所一曰夫餘神刻木作婦人之象一曰登高神云

是其始祖夫餘神之子並置官司遣人守護蓋河伯女與朱蒙

云」（同九2上）書此僅有先妣廟與周祇有姜嫄同

周書突厥傳「其刑法反叛殺人及姦人之婦盜馬絆者皆死淫人

女者重責財物即以其女妻之」（同十2上）「葬之日……是日也

男女咸盛服飾會於葬所男有悅愛於女者歸即遣人聘問其

父母多不違也」書此可見凡有會集父伯叔死者子弟及姪等

皆可爲婚聘之始

68

妻其後母世叔母及從懷子者不得下淫也（五十三）案文伯叔已死上淫者於其權利無備上淫者則將後輩之權利矣

周書波斯傳：俗事火祆神，婚合亦不擇尊卑（案亦當為火祆神則火祆神中有醜穢之邪述）諸夷之中最為醜穢矣。民女年十歲以上有姿貌者，王收養之，有功勳人，即以分賜也（五十四）。案此猶重於拘女以自為者魏書高祖紀太和八年八月，詔曰。數州災水。饑饉薦臻。致有賣鬻男女者。……今自太和六年已來。買定冀幽相四州饑民良口者。盡還所親。雖娉爲妻妾。遇之非理。情不樂者。亦離之。(七上9下)(北史三6上)

(北史魏本紀)文帝大統九年正月，禁中外及從母兄弟姊妹爲婚。(同7上)

(北齊書後主紀)武平七年二月。辛酉。括雜户女年二十已下十四已上未嫁悉集省。隱匿者家長處死刑。(同上8下)(北史八4上)

北史后妃傳魏孝静皇后高氏。神武之第二女也。……文宣受禪。降爲中山王妃。後降於尚書右僕射楊遵彥。(十三10下)

又婦順女。始見漢書宣紀神爵三年

隋書高祖紀開皇十六年六月辛丑。詔九品已上妻。五品已上妾。

夫亡不得改嫁。（二一頁）北史十一頁

又煬帝紀大業十三年九月己丑。帝括江都人女寡婦。以配從兵。北史十二頁

（四八頁）以裴矩之謀害 見本傳卷六十七 北史卅八卷

又地理志雍州。雕陰延安弘化。連接山胡。性多木強。皆女淫而婦

貞蓋俗然也。（四九頁）

又青州。齊郡舊曰濟南。其俗好教飾子女淫哇之音。能使骨騰肉

飛傾詭人目。俗云齊倡。本出此也。（四頁）

又揚州。豫章之俗。頗同吳中。其君子善居室。小人勤耕稼。衣冠之

人。多有數婦。暴面市廛。競分銖以給其夫。及舉孝廉。更要富者。前妻雖有積年之勤。子女盈室。猶見放逐。以避此人。……一年蠶四五熟。勤於紡績。亦有夜浣紗而旦成布者。俗呼為雞鳴布。（卅七上）

隋書后妃傳：高祖思革前弊，大矯其違，唯皇后正位，傍無私寵，婦官稱號未詳備焉。開皇二年，著內官之式，略依周禮，省減其數，……又採漢晉舊儀，置六尚、六司、六典，遞相統攝，以掌宮掖之政。……初文獻皇后功參歷試，外預朝政，內擅宮闈，懷嫉妬之心，虛嬪妾之位，不設三妃，防其上逼。自嬪以下，置六十員。加又抑損服章，降其品秩。……（卅下）　文帝謝中宮[illegible]……（六二上）

左傳北史后妃卷（十の下）

隨女官之制（隨書后妃傳）

隨書李圓通傳：父景以軍士隸武元皇帝（高祖父忠），因與家僮黑女私生圓通。景不之認，由是孤賤，給使高祖家。（六の廿）

又張定和。……少貧賤。有志節。初為侍官。會平陳之役（開皇九年），定和當從征。無以自給。其妻有嫁時衣服。定和將鬻之。妻固靳不與。定和於是遂行。以功拜儀同。賜帛千匹。遂棄其妻。（六の廿）

又李諤傳：諤見禮教凋敝。公卿薨亡。其愛妾侍婢。子孫輒嫁賣之。遂成風俗。諤上書曰。……竊聞朝臣之內。有父祖亡沒。日月未久。子孫無賴。便分其妓妾。嫁賣取財。……復有朝廷重臣。位望通貴。平生交舊。情若弟兄。及其亡沒。杳同行路。朝聞其死。夕規

甚知方便，求婦以得爲限……上覽而嘉之。五品以上妻妾不得改醮，始於此也。（四六上迄四七上）北史

隋書儒林傳：周宣帝初欲立五后，以問儒者辛彥之，對曰：后與天子匹體，齊尊，不宜有五。妥駁曰：帝嚳四妃，舜又二妃，亦何常數。由是拜襄城縣伯。時爲太學博士。（七五上）

又劉炫，煬帝即位，牛弘引炫修律令。高祖之世（文帝時），以刀筆吏類多小人，年久長姦，勢使然也。又以風俗陵遲，婦人無節，於是立格，州縣佐史三年而代之；九品妻無得再醮。炫著論以爲不可，弘竟從之。（四五迄四六）北史

又隱逸傳：崔廓之少孤貧而母賤，由是不爲鄉族所齒。（七七之下迄七八）北史

隋書列女傳　蘭陵公主……高祖（文帝）第五女也……初嫁儀同王奉孝
卒（奉孝）適河東柳述，時年十八……初晉王廣欲以主配其（妃）弟蕭
瑒，高祖（文帝）初許之……後遂適述，晉王因不悅。及述用事，彌惡之。高祖（文帝）
既崩，述徙嶺表，煬帝令主與述離絕，將改嫁之，公主以死自誓
不復朝謁，上表請免主號，與述同徙，帝大怒曰：天下豈無男子
欲與述同徙耶……主憂憤而卒……臨終上表……乞葬於
柳氏（柳述）

（又）鄭善果母者，清河崔氏之女也，年十三出適鄭誠，生善果，而誠
討尉迥，力戰死於陣。母年二十而寡，父彥穆欲奪其志，不可（止）
（又）韓覬妻者，洛陽于氏女也……年十四適於覬……年十八覬

後留蕭後……及見袁其父，以其幼少，亭子嗣孫之貲無異其
後令宗人敫吟于氏晝夜師法藏騰自縛其父，嘯史傳國遂不
奪其志，焉以卒。又書隋韋氏女上郡鍾氏婦也，與其兄弟未
嫁而夫死，時年十八。以上北史九一 84
恒於高陽傳：風俗同於康國，唯喜與弟妹及母子遞相禽獸，此爲
異也。以上北九七
又突厥傳：俗性割損而愛新。以上北九九
又王充傳：其時十二年還江都宮守，充時出督江都宮監。充又知帝好內，乃言江淮良
家多美女，並願備後庭，無由自進。帝逾喜，因密令閱視諸女資
質端麗合相者，取正庫及應入京物以聘納之，所用不可勝計。

北史九六

帳上有物別國不顯其實有合意特別序書是或不出於又以
費之時令以船送來各面送款既報使於甚後移淮河中決船
關於第四十歲成員實之事由於之不實開以供進之參考
見秋晚分之婦之
隋煬后推其妻勝○見煬帝紀（四紀）
婦女　房陵王傳（四四傳）

北史后妃傳：蠕蠕公主，神武崩，文襄從蠕蠕之國法，烝公主，產一女焉。（十四）2上

又：小尒朱兆之女也，初為建明皇后，神武納之，生任城王湝。與趙郡公琛私通，徙於靈州，後適范陽盧景璋。（十四）2上

又：彭城太妃尒朱氏，榮之女，魏孝莊后也。神武納為別室，敬重踰於婁妃，見必束帶，自稱下官。（十四）2上

又：馮翊太妃鄭氏，初為魏廣平王妃，遷鄴後，神武納之。馮娘者，初為魏任城王妃，適尒朱世隆，神武納之。李娘者，初為魏城陽王妃。（十四）2下

又高陽太妃游氏，文襄之為相府令史，神武之鄴，將納之，文襄之不

詩逆靈虛形之案之音昆（甲の22）

又 張彤云主名世儀，歎高陽王雍妾生將也，初不見蓋為孫騰妓

謄不殺棄又蓋過，世逆悅而納之，逆被誅，寵愛歸帝，帝寄（甲の24）

又 孝昭皇后元氏，后以帝亡入周氏宮中，隋文帝作相放還山東

（甲の25）

又 後主皇后斛律氏，左丞相光之女也……光誅，后廢在別宮，後令為

尼，齊滅，嫁為開府元仁妻。後主皇后胡氏……后……為

金墉宗帝里之為妹嫁以通，為后與斛律皇后俱為尼以后隨……

而鄴下守后與奴探去（甲の26）

宣帝楊氏名麗華，隋文帝之長女也，帝初為皇太子，聘以為妃

又儀傳光武后聲不許乃止（十四上）

按：獻文與王傳：高陽王簡子祐……母常氏，高文以納不以禮，

不許，若為犯官，可以恩從子貴，特為尋國古法（十九上）

按：獻文六王傳：彭城王勰—劭—韶　詔綦弟彭城王子韶妻

嫂以孝文帝后配之，叡家有寵，多隨后入宮，家有二女，錄相承

積而不可出焉，臈穢宮三十年，穢之皆穢而壞息何也（十九上）

孝文幽皇后，祖叔之女

又孝文五王傳：廢太子庶人恂，而帝將為恂娶司徒馮誕長女，以

女幼，待年長，先為娉彭城劉長文、滎陽鄭懿女為左右孺子，時

恂年十三四，帝嘗謂郭祚、崔光、宋弁曰：人生須自放，不可使終

詩讀書於郡使恂里史有理付宮以遂同睹時陳女日夕而辭
御尊以為何光曰於子積血纂素寫藏之於宅太子尚以幼
年前學一日不宜於臣書之時檢書御內文非所以安書誨之
讀國史策之詔以光言為然不令恂書入內無子（十九節）

北史長孫紹遠傳（長孫）出為河州刺史河東薛向仁日近同樂
嘗婚姻以陳紹遠遂尊之以禮大崇風（四十二節）

北史崔叔仁傳（崔逞）不敘叔義親孝莊時為尚書度部郎　而叔義為休
為青州刺史殺盜魁令史之黨遂以為門客在洛陽與兄叔仁
錢鑄錢事發合家潛逸叔義先捕時城陽王徽為司州牧臨淮王
或以非其罪嚴乃劾言徽以求榜不得遂停敕書而殺之（四十節）

北史李訢傳：父崇……訢母賤，爲諸兄所輕，崇曰：此子之生，於諸

言貴重，每歎其不可知。卅七上

北史高允傳：於神䴥中，允與從叔同……俱被徵，同任滄水太守

渤陽子卒，然冀州刺史……子矯，矯弟遵……賤出爲兄矯

等常欺侮之，及父亡，不令在喪位，遵遂馳赴平城，歸允，允爲作

計，乃爲遵父舉哀，以遵爲喪主，京邑無不弔集，朝貴咸識之，徐

歸奔赴，免喪後，爲其嫡室所遵，咸盡之恩事，久如謝之。卅一下

北史崔暹傳：子達拏，初，文宣嘗問樂安公主（文襄長女）：達拏於汝何如？

答云：甚相敬，惟阿家憎兒。文宣令宫人召達拏母入而殺之，投

屍漳水。及滅，達拏殺主以復讎。卅二上

北史王肅傳 詔肅尚陳留長公主 本劉昶子婦彭城公主也 の二

(又)李諧傳 諧長子㬢〃爲盧〃妻元羅女也 盧元明〃〃元氏更

適趙郡〃〃〃の三 北史 故

(又)崔亮傳 亮從弟敬默〃〃子思韶〃〃敬默弟敬邕以其賤出孫

不經紀 論者譏焉(の四補)

(又)道固傳 道固兄目〃〃子僧祐僧深坐兄僧祐與沙門法秀謀反徙薄骨

律鎮南青州刺史之妻房氏生子伯麟伯驎 後薄房氏納

平原杜氏與俱徙生の子伯鳳祖龍祖螭祖虬 僧深得還之後

絕房氏遂與杜氏及の子家青州 伯麟伯驎與母房居冀州雖

往來父間而心存母氏孝慕之道積阻一門 僧深卒伯麟奔赴

不敢入家竄哭寺門祖龍剛猝聽允作辭稱婿庶並以刀劍自
衛若無罪焉（六四 川上）
北史李叔虎傳虎子述……家……家……喪妻無子終竟不娶論者非
之（四五上）
北齊書祖珽傳珽於財產又自好彈琵琶能為新曲招城市年少
歌舞為娛遊集諸倡家與〔陸〕（或）廉穆子容任胄元士亮等為聲色
之遊諸人嘗就珽宿出山東大文綾并連珠孔雀羅等百餘疋
令諸嫗擲樗蒱賭之以為戲樂參軍元景獻故尚書令元世儁
子也其妻司馬慶雲女是魏孝靜帝姑博陵長公主所生珽忽
迎景獻妻赴席與諸人遞寢亦以貨物所致（四九外）北史四七上

北史齊宗室諸王傳平秦王歸彥、、少質朴，後更改節，放縱好
聲色，朝夕酣歌。妻魏上黨王元天穆女也，貌不美而甚嬌妒（下）
數忿爭，密啟文宣，求離，事寢不報。天保元年，封平秦王，嫡妃康
及所生母王氏並為太妃（五一6上）

文宣以永安王浚妃配劉郁捷（五一8上）北史上黨王渙妻配馮永洛（9下）
北史河間康獻王孝琬（文襄長子）孝琬母魏吏部尚書宋弁孫也卒
魏潁川王斌之妃為文襄所納（五二1上）
又樂陵王百年（孝昭第二子）妃把玦哀號不肯食，月餘亦死、、、、時年
十四（斛律光女）（五二8下）　琅邪王儼（武成三子）死，時年十四，有遺腹四男
生數月皆幽死（五二8上）

北史劉豐傳附暐問而三子龍……隋開皇中……卒……八子俱長嫡
妻所生每一子所生妻諸子皆為制服三年武平中暐所生妻
諸弟並請解官朝廷義而不許暐參以子似指豐言似暐字誤待考（五三四上）
又張瓊傳子欣尚魏平陽公主……與公主情好不篤尋為孝武
所害（五三四上）
又孫騰傳時魏京兆王愉女平原公主寡騰願尚之而公主許侍
中封隆之騰妬隆之遂相間構神武啟免騰官　初博陵崔孝
芬娶貴賓家子賈氏為養女孝芬死其妻元更適鄭伯猷攜賈於
鄭氏賈有色騰納之為妾其妻袁死騰以賈有子正以為妻詔
封丹楊郡君復請以袁氏爵回授其女其違禮情多此類也（五四上）

北史司馬消難、、、又為公主而情好不睦公主譴之（五四了上）
北史庫狄干傳孫士文、、從妹為齊氏嬪有色齊滅後賜薛公
長孫覽、妻鄭氏構譖、文獻后令覽離絕士文恥、不與相
見後瀛州刺史唐君明居母憂娉以為妻由是君明士文並為
御史劾士文性剛在獄數日憤恚而死（八七了上）
北史趙隱傳字彥深、、、避齊廟諱故以字行、、、母傅氏雅有
操識彥深三歲傅便孀居家人欲以改適自誓以死（五五了下）
又李敏傳賢開皇初周宣帝后樂平公主有女娥英妙擇婚對敕貴
公子弟集弘聖宮者日以百數公主選取敏（五九了下）
又李遷哲傳遷哲累葉雄豪為鄉里所服人あ康性復華侈能厚自

韋藝妻媵至有百數男女六十九人緣漢千餘里間第宅相次
姬媵之有子者分處其中各有僮僕侍婢閽人守護（◎二）藝每
鳴笳導從往來其間從逐歡娛盡生平之樂子孫參見無其年
名者披簿以審之（吳六下）
北史楊薦傳 時馮翊長公主寡居孝武意欲尚諸周文乃令武衛
元毗喻旨薦啓白周文文遣薦入洛陽請之孝武即許焉（元九下）
又外戚傳 胡長粲性溫雅在官清潔但治居要密使為子叔衷娶
清河王崔德儉女為妻在晉陽處分用妻弟王遜與德儉爭為
司徒主簿時論以此譏之又性好內有一侍婢其妻王驕妬手
刺殺之為此恩恨數年不相見親表為之請日自叔不見於今

三年以納妾李氏仍與王氏別宅亦無往來之禮（[illegible]）
北史節義劉子翊傳……永寧縣令李公孝の崴喪母九歲外繼其
父更別娶後妻至是而亡河間劉炫以為無撫育之恩議不解
任子翊駁之……東子翊引令云為人後者為其父母並解官
申其心喪父卒母嫁為父後者雖不服亦申心喪其繼母嫁不
解官而已 此專據嫁者生文耳（以下略）
北史循吏竇瑗傳麟趾新制三公曹第六十六條母殺其父子不
得告言之其死瑗駁之事寢（以下略）
母家欲再嫁其女其（北史九一 北[illegible]）
北史列女傳華陽公主煬帝長女也……十四嫁……宇文……

士女（卯一上）

北史西域傳：龜茲國俗性多淫，置女市，收男子錢以入官（九七上）

帖婦。通鑑宋明帝泰始七年，虞愿曰：此皆百姓賣兒貼婦錢所爲。注：貼婦，謂夫先有婦，若於上之徵求而不能贍，從之外求淫夫。貼以贍之。又帖亦賣也。通典。北齊武平以後，聽人帖賣園田。

女嫠婦出入不禁。新唐南蠻傳南詔：女嫠婦與人亂不禁，昏少私相送。已嫁有奸者皆抵死（卯二上上）　又：自夜郎滇池以西皆莊蹻之裔。〻〻妻淫，則彊族輸金銀請和而棄其妻。處女嫠婦不坐（卯二下上）

居喪成婚不廢，亦不避同姓上同（卯下上）

朱子家禮改六禮爲三禮○第納采問名爲第擇之禮納徵納吉

爲卜吉納幣之禮第請期於納幣中与親迎爲三明清律皆從

之

離身之家親相當原因○情愛于無遇失措個隔於不能繼續狀

態亦可離婚

尊生母而合葬於先君○史記秦本紀孝文王立

除樂户丐户籍及女樂考 癸巳類稿十二

節婦說 貞女說 癸巳類稿十二

妬非婦人惡德論 癸巳類稿十二

官吏監生之買妾 吾學錄 廿の13

室韋

俗曰：新書本傳：婚嫁則男先傭女家三歲，而後分以產，與婦共載，鼓舞而還。夫死不再嫁。（新傳卅上）

高句麗婚娶不用幣，有受者恥之。新書本傳（新卅上）

新羅內婚曰：新書新羅傳：其建官以親族為上，其族名第一骨、第二骨以自別。兄弟女、姑、姨、從姊妹皆聘為妻。王族為第一骨，妻亦其族，生子皆為第一骨，不娶第二骨女，雖娶常為妾媵。（新卅八）

悉立在吐蕃西南。婚姻不以財聘。新書西域傳（新卅上）

李益疾曰：新書文藝傳李益少癡而忌克，防閑妻妾苛嚴，世謂妬為李益疾。（新二〇三）

唐內官宮官不加郡國號，五代加之。舊五代史唐太祖紀（注廿）

以鵝代雁乃司馬氏儀云無生刻木爲之遂用充唐李涪曰雁亦時莫致故以鵝替之爾雅曰舒雁鵝也亦雁之類也然則用鵝代雁唐時已然

補妝奩 悟學錄 三十九

以女人爲官。宋書王華傳：父廞……居在吳。晉隆安初，王恭起兵討王國寶，時廞丁母憂在家，恭檄令起兵，廞即聚衆應之，以女爲貞烈將軍，以女人爲官屬（六三上）。又顧琛傳：……竟陵王誕……反，遣客陸延稔齎書板琛爲征西將軍……琛……執斬之，遣二子送……首……世祖嘉之，以琛出爲東陽太守，子爲揚軍司馬……琛母孔氏時年百餘歲。晉安帝隆安初，琅邪王廞於吳中爲亂，以女爲貞烈將軍，以女人爲官屬，以孔氏爲司馬。及孫恩亂後，東土飢荒，人相食，孔氏散家糧以賑邑里，活者甚衆，生子皆以孔爲名焉（八一上）。

按：女子爲官，何直女將。大略初……母山陰民郭爲鄰君撰女侍中

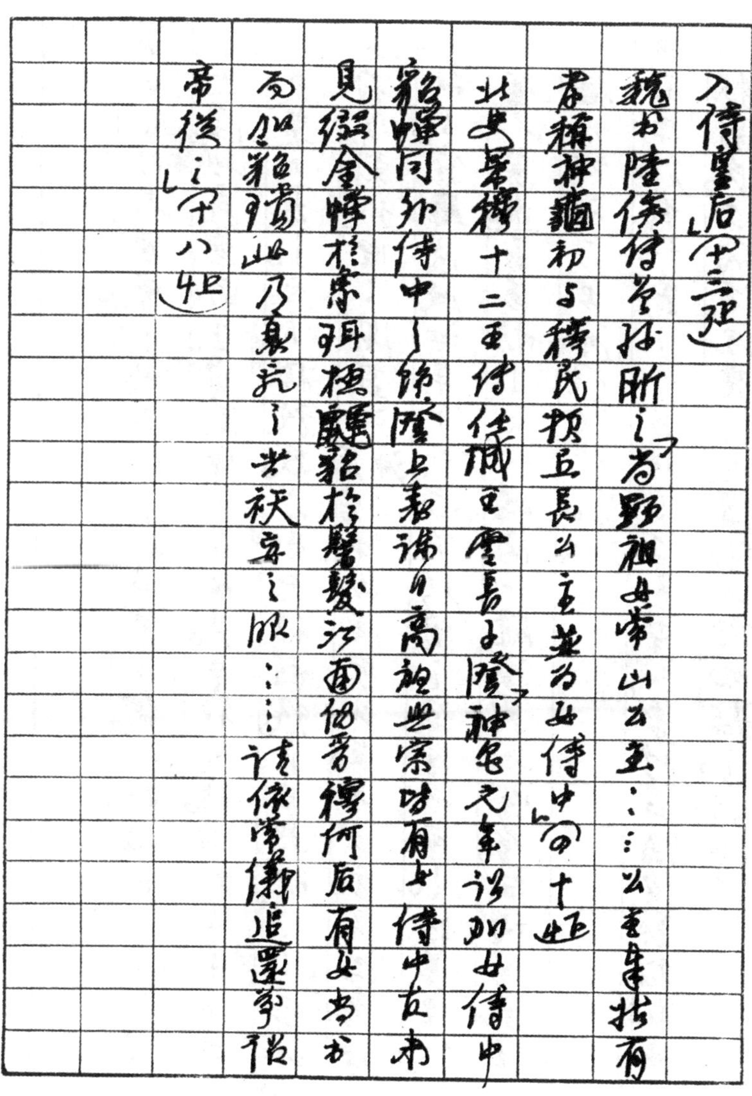

男女（男色）

晉書五行志：惠帝之世，京洛有人兼男女體，亦能兩用人道，而性尤淫。此亂氣所生。自咸寧太康之後，男寵大興，甚於女色。士大夫莫不尚之，天下相倣效，或至夫婦離絕，多生怨曠……（男女之氣亂而妖形作也止）

又苻堅載記：堅之滅燕，沖姊清河公主年十四，有殊色，堅納之，寵冠後庭。沖年十二，亦有龍陽之姿，堅又幸之。姊弟專寵，宮人莫進。長安歌之曰：一雌復一雄，雙飛入紫宮。咸懼為亂。王猛切諫，堅乃出沖。（止）

又石季龍載記：……為聘將軍郭榮妹。季龍惑優僮鄭櫻桃而殺郭氏，更納清河崔氏女。櫻桃又譖而殺之。（止）

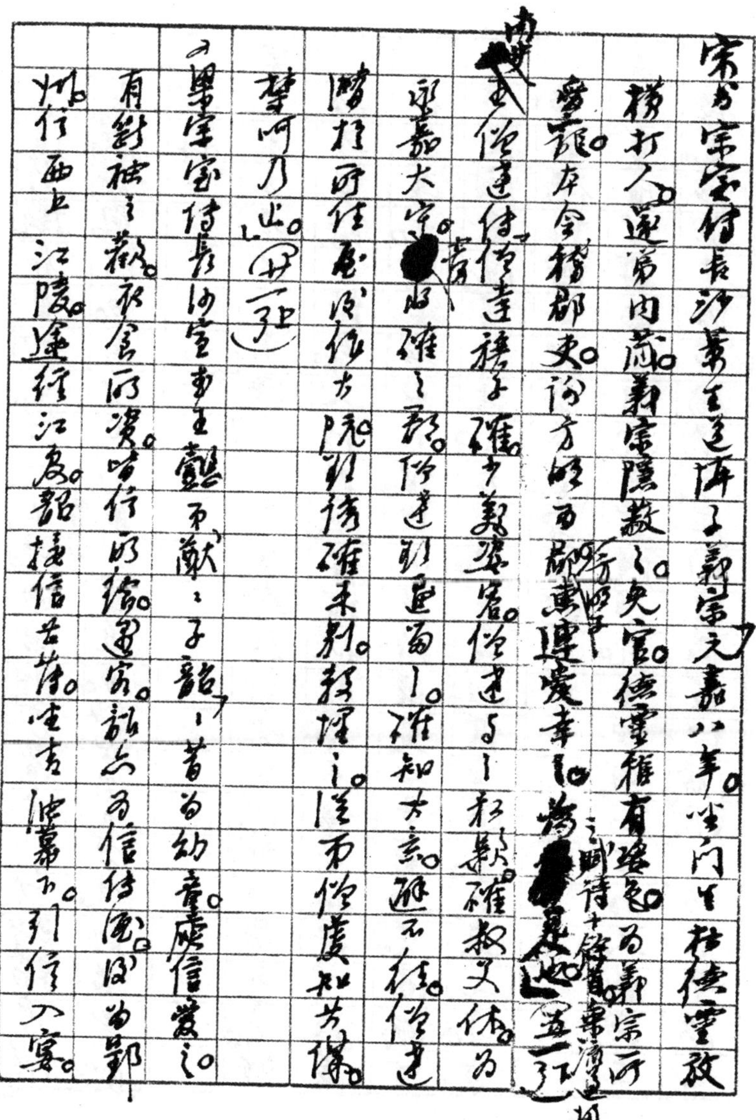

宋書宗室傳長沙景王道憐子義宗元嘉八年坐門生杜德靈放
橫打人還第內藏義宗隱蔽之免官德靈雅有姿色為義宗所
愛寵本會稽郡吏謝方明為郡[illegible]遣[illegible]寵幸之為[illegible]
子道[illegible]傳道憐達孫子雅少[illegible]後道[illegible]一[illegible]雅叔父休為
永嘉太守[illegible]雅之郡[illegible]道雅遣一[illegible]知太守[illegible]不往道[illegible]
將相所[illegible]雅[illegible]來[illegible]
楚河乃止

南史宋宗室傳長沙宗室嘉[illegible]子龍不獻之子龍[illegible]幼[illegible]信[illegible]
有[illegible]之[illegible]所[illegible]所[illegible]遂[illegible]信[illegible]
[illegible]行西上江陵途經江夏[illegible]信[illegible]入[illegible]

王信別摳。有自矜色。信猶不堪。因遂醉。乃逕上新林。跨騎奔馳。

直視部曲。語曰。吾今日□大異近日。時實宿酒醉。部長慚負。

（五一上）

宋書謝方明傳子惠連傳。先愛會稽郡吏杜德靈。及居父憂。贈以五言詩十餘首。文行於世。坐被徙廢塞。不豫榮伍。尚書殷景仁愛其才。因言次白太祖。臣小兒時便見世中有此文。而論者云是謝惠連。其實非也。太祖曰。若爾。便應通之。元嘉七年。方爲司徒彭城王義康參軍。（五三上）

事孝武皇后侍驃母王湖祀廬陵孝懷王氣。而祀時侯與婦人通逼至御官。隱通帝左右楊璩之。與同寢處。如伉儷。璩之又與帝相愛

戴婦帝焉之（四冊）

北史盧魯元傳（九）魯元妻子內給侍東宮景穆保姆之常与斯起同

衣食……正平初宮臣伏誅大武以魯元之故惟殺內兩婿撫其

兄弟（四五 41下）

文章德源傳 德源沈靜好學十四解屬文及長博覽書記美儀容

中書侍郎裴讓之特相愛好兼有龍陽之重（五十 41上）

婚

血族婚

民族對血緣，經對視他族為仇敵時則否之

與自己及其所相結合參與伊蘭 一〇六之一〇

媵娣

媵娣雖皆適常。左文十二杞桓公請絕叔姬而無絕昏公許之

杜注不絕昏立其娣以爲夫人　哀十一衛太叔疾娶於宋子

朝其娣嬖子朝出孔文子使疾出其妻而妻之疾使侍人誘其

初妻之娣寘於犁而爲之一宮如二妻　李玄伯中國古代社會新研葉二五七

媵從室。左襄十九齊侯娶於魯曰顏懿姬無子其姪鬷聲姬生

光以爲太子　又襄廿三臧宣叔娶於鑄生賈及爲而死繼室

以其姪

外婚與羣婚。李玄伯中國古代社會新研云古者必謹婚團一

團中男女之對不爲同姓結婚之始爲有族婚女係今人指

頭者制亦猶古為家何則不僅兩性相互表則但同姓不害爾
凡非同姓皆可求無此紛者之何其姓也
婦從其夫婦之道。又曰娶婦從其家共婦從祖婦與所共一也
春秋莊二十五伯姬歸于杞 二十七莒慶來逆叔姬 左莊十年蔡
哀侯娶於陳息侯亦娶焉息媯將歸過蔡蔡曰吾姨也止而
享之 閔二惠公之即位也少齊人使昭伯烝於宣姜不可強之
生宋桓夫人許穆夫人 詩碩人邢侯之姨譚公維私則只取一
蓋兄弟共有財產得一人共取之妻亦然 則寡婦為姊妹
一夫矣 兄死弟之權後不徒權利也亦其義務則兄亡之
云所謂繼嗣也 兄之權仍有制限則婦止於一 古論以妻

姊妹不必同居同姓之國女謂姊妹也姪媵者娣之擴充也

特若前來因其業往尼西亞屬之一也其首徒十餘族於此

十餘族故取一妻鬼系八百摠歸蓋其大寡廿也府取率其族別以一女補

之亦率多其儲及嚮死其妻皆隨立者今觀古氏衛宣公

衛於夷姜母庶生急子宣姜與公子朔構之云桓十首衛公烝於

齊姜生太子申生莊廿八年姜武公妾惠公之即位也少齊人使昭伯烝

於宣姜不可強之閔二鄭文公報於鄭子之妃曰陳嬀宣三曰燕曰

報不好通而其子可為太子宣子史記衛世家亦三以為太子毛詩牆有茨曰

刺公子頑親之存之曰刺宣姜僕人說不足行也此紀附權

將姪子亦稱弟內娶姪也

玄伯又引盧文弨云古適庶之分在於嫡適他國爲夫人庶之
姪娣抱經堂文集二十の問答王宗洓云古所以同母妹爲娣宣姜二女一
爲宋桓夫人一爲許穆夫人莊姜同以姊妹一適邢一適譚
證也夫人所出恒爲夫人娣所出恒爲娣所謂貴賤有常也
説文姪字段注

封疆内婚制 84

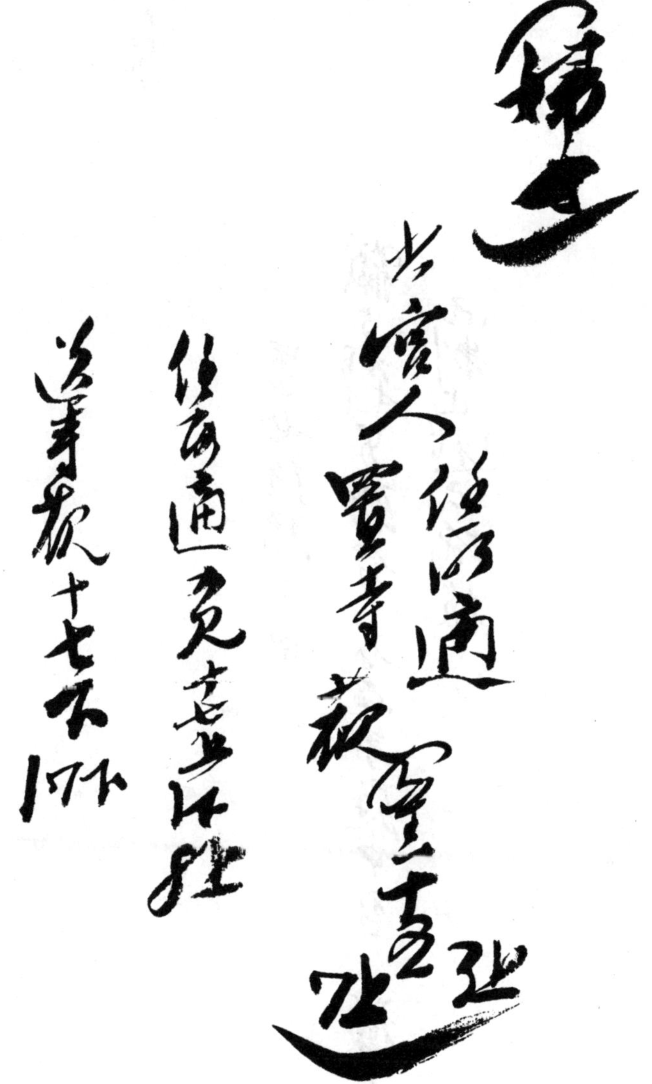

婦女

男女強弱之由

獵與戰男聯合 女在家庭中習 獵人戰士習合

而制止逃亡抵抗

婦女

現在情形之下夫負子之養離使負償離婚後之費

關

可以國家之力保障若干職業限於婦女

男女

男女之異

情緒　機械特性上相當差別。　體相似。　惟才性

實驗其異。情緒究。非機體。

惟今男女性質之差。　文化使之男子之特性。

即男子女和。

凡實驗。男女之差甚。逮少年男與男女與女之差。

如躁。如林憂。須究。指麻。令多。通常觀念。

如智力之與男女亦殘之不同于樣。

男女

男女關係

社會的幼稚形態。生物的幼稚形態。人一共點。

仍十三至十九。

而成績甚晚。我之年。大家動作業和。此有人選擇業。不禁

共請求。寡通縫造家庭而隔絕社會。男女各方面

共同興趣。制繳多。自然放縱。壓制成生活常

門路。由壁入下等社會。人格不發展。傳統而發揚自

由。見不評不審研究一所而。

男女關係。不僅於形體上。責己身勞動。鍛乎此其何以假補

之素質只于作一方面。生活而有豐富。結婚而候相之於性

衝動之感。我何是形式的快樂。乃自然不是婦女

婦女

冥婚　魏明帝女淑 魏志后妃甄后傳（五注）　太祖以為倉舒邴原不許 本傳（十一注） 以聘甄氏亡女 鄧哀王傳（廿注）

孫休妻甥 吴志孫休朱夫人傳注（五十注）

先主取劉瑁妻 蜀志先主穆皇后傳（卅四注）　趙雲不取趙範寡嫂 蜀志本傳注（卅六注）

婦女

新婦所乏唯容 魏志注（九四下）

荀粲以婦人才知不足論自宜以色爲主 魏志荀彧傳注（十下）

適大家教曰未与夫相見 魏志公孫度傳（廿二下）注考證

有所避（不欲逢）諱月事 漢書景十三王傳 長沙定王發（五三下）

男子五十好色未衰云云見 漢書杜欽傳（六十下）

被不入寡婦之門 漢書游俠傳（九二上）

「宫人材有由侍使者擇……非天子掖庭中也 漢書外戚傳注（九七下上）

婦女

閩其室戶旋種其中（後書襄楷傳注引太平經（卅上9下））

暮夜男女群聚為倡樂（後書高句驪傳（卅下7上））

牢山下有一夫一婦生十女子九隆兄弟皆娶以為妻（同書哀牢夷傳（卅下7下））

東沃沮嫁娶女年十歲已相設許婿家迎之長養以為婦至成人更還女家女家責錢錢畢乃復還婿（三國志注引魏略（卅下7上））

倭國大人皆四五婦下戶或二三婦（國志本傳（卅上11上））

婦女

黎族女子耕種事亦由女子為主　中國民族史 ~~138~~ 136

婦女

野蠻人中女子勞動非被壓迫

故甚受尊敬

共產社會所處理之事與家事同然同的公職

肇倩

達來文謂由此代之和版幷付大埃方以予

成手甚人爲之壽　老母不當老　如是而大父

川事

輩行名

及戚屬親族之名僅因輩行而別見文

以人斷学 181

184 業所述似可見媵婦侍宿之由來

婚制

亂婚——雜群

群婚

一母系氏族

父系氏族

家族與部落——個人婚

北齊但計父母一方

民族中部族皆然　見文化人類學203

服務者

即試驗科學之義

此業之用而成婦亦此意也 曾任民二四

十年乃成的家族之一分子見於近代人類學 四月

合男女

勉案貴者其年然不安於居貴者婦士大夫老矣而娶蓋由于此

民間婚

社會所以規定兩性關係 據風俗法律 因此結婚者夫婦及其所生子女之間皆有權利義務

社會對男女關係之許可 結婚男女對社會關係之請求 於夫于妻〻于夫族妻生親族 婚生子

關係 不如謂為成人擔當

在社會上占一定地位

中國婚姻制度

民商事習慣調查報告録親屬繼承編

多載之　司法院行政部出版

其婚姻喪葬之禮亦頗有可考者。然其傳婚姻用牛馬納聘結言既定男
黨潛軍闌匿令女黨盜取上馬祖乘出闌馬主之黨外捕女黨馬不獲者即取
之隊列矢取教滿乃止蓋亦寓婚之俗又藉以頓騎乘之術別姪教之族
之遊戲也。又云：俗無穀，不作屈，迎婦之日，男女相將持馬酪熟肉節
解，主人延客，亦無行位，穹廬前叢坐飲宴終日，復留其宿，明日將婦歸。既而夫
黨還入其家，馬群極取良馬，父母兄弟雖惜，終無言者。頗諱取寡婦而優憐之。
鑽勤待步似犬，祇與突厥同，惟丈夫婚畢便就妻家，待產乳男女然後歸舍。死
者，隱憚之也。其異也，突厥俗葬同，男女咸盛服飾會於葬所，男有悅愛於女者
歸即遣人聘問，其父母多不違也。又云：父兄伯叔死，子弟及姪等妻其後母、叔
母、嫂，惟尊者不得下淫。此則教同奴矣。

謂

婚姻

三原素：戀愛、生子、共財

第一代：經濟最重，子嗣次之，戀愛爲下

第二：子嗣、經濟、戀愛

第三：戀愛、子嗣、經濟

古者離婚較易，二義不合，靈魂人物過剩

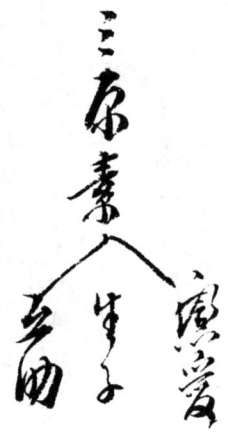

婚姻

戀愛之時代

原始時代群居雜交女性 家族時代

依男子意志組成經人模型 不講

時代經人擇主

婚姻

血族系統不相淆之婚（一）

血族系統之混淆之原人在社會之地位（二）

親制婚姻不能由此出其範圍之婚

與人指對其母乃稱親之姊子

其交婚也

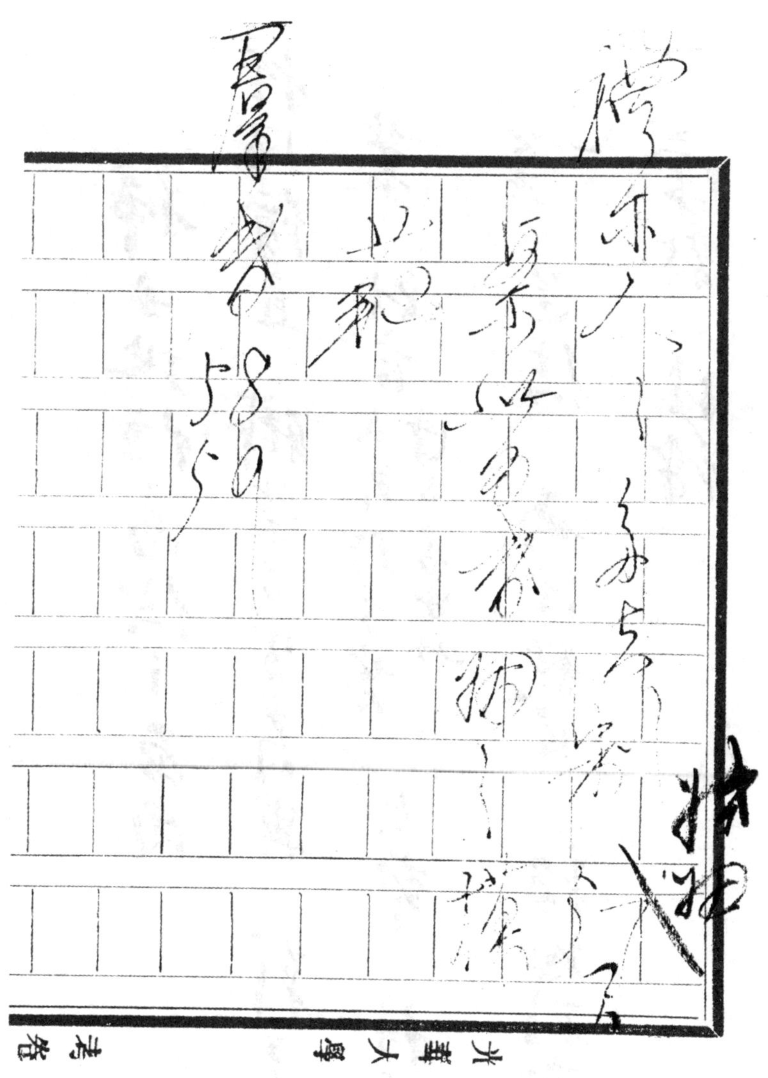

婦女

婦女地位高低之原因

權利價值 職業之男女有異 戰爭 工業 財産 文藝科學發達與否由此 文藝 科學 養成人才

以上 道德 兩性數目 婚姻形式

宗教 法律

婚姻

雖稱終身

乃個性發展之結果非法律所能

裁制

婚姻

兩性嫉妬非先天

女性善妬与母愛似系先天 然母愛

不專於所生 如猫犬皆然 人亦然

私產既起乃知〻余〻我〻 母愛之範圍

乃擴

婚姻

两性之耻非先天

性羞乃后天安排

婦女

婦女天性

今者未得知以來文化壓力下發展方向

不自然

婦女真得自由婦女之天性乃可見所謂

婦女職業乃可爲之

今所謂婦女之德者是性質之男子爲標準

謂好女長德不合婦女天性也

婦女

野蠻人不重貞操

甚且以少女童貞爲恥未嫁前已爲人

所棄者

且喜與已生子之女結婚者以其能生子也

足證明之

婚姻

四

民族間婚禁　以男而役人之妻非一（若干人）集群若集群　年僅與己女左右族

母方最（甚）緣姊妹禁婚　即成民族（種）

〔男　兄弟　子　亦子　姊妹　子　孫子（如權五同行兄弟姊妹）以其姊妹爲一

〔女　姊妹　子　兄弟　背姓外婚

又禁兄弟姊妹——母方

舊郡族者（不）村國中兄弟舅姊妹

禁婚之子

無緣家族範
子女
子女
父母
祖母

無規律 兄弟姊妹
子姪多妻
今日許多民族

只天地共存只有物云云

祺

如子繼承

未將如子繼承遺產 去年全國代表

大會議決

而論已未將有繼承之權 十六年五月

十五日中央政治會議之決

昏

「異義公羊說天子至庶人娶皆親迎左氏說王者至尊無體敵之義故不親迎鄭駁之

左氏左傳疏

昏姻

男女結合限制

男女結合社會自許之〻甘其相互間放縱之〻任 其不許之則由何種限而同族 初民放縱同族之任之

原如此

婚姻

真多妻甚少

如夫兄弟皆等實需別論 多妻之由 財力互助故

男女數略相等真則多妻亦非夫人所好

如真多妻多夫則男女之數益甚不均何有和民社

今日十八乃止

昏姻

往夫往歸居

視則或寬或嚴日初昏時遵守爲自主門戶

昏姻

世本及譙周古史伏犧制以儷皮嫁娶

之禮

月令仲春玄鳥至疏

姑舅表昏

行之之地頗廣

父之兄弟母之姊妹之子不得結昏，父之姊妹母之兄弟之子則可　一面兼行從表亦稱同胞
一面交道從表見初民社會[illegible]
一取舅之女者尤多

又曰宜取母之兄弟之子者　勉案此所謂擬也

姑舅表昏無親者則以踈推，代亦或限於踈推

妻姊妹婚夫兄弟婚 初民社會五三頁

行之之地甚廣

夫兄弟婚限叔嫂妻姊妹婚亦限妻妹取死妻以續 大多如此

夫兄弟婚且得於夫族中擇人以爲遺產

外遺產外尚可得者

遺產含產業權及保護之意非盡權利也

半部族畧

分氏族、或半部族，可包數氏族，大於氏族，小於部落。半部族會叟

分組者，組可包數氏族，一氏族亦可分房，數組

甲
　一（取三子房三）
　二（取四子房二）
乙
　三（娶一子房四）
　四

凡部落多行內婚，其內之團體則外婚

婚姻

情合婚姻非一事

但論情合不問自由是結婚也　男女分工可以互助實結婚之一因　婚前少年放縱無忌乃結婚

廿見和民社会三五九頁

昏姻

昏姻媾合非一事

媾合生理使之 結昏則社會軌範

昏姻乃社會法律所任或許男女結合之法也 夫婦間因此有權責 其在社會之地位因此而有異 於其子之地位亦有影響

昏姻

私啟

爲你所賤勉來此由昏姻本社會所宜

男女配合之儀式不遵故見賤也

昏姻

亂婚云雜交見初民社会六十頁

反戚弟人父母爲通稱

或云類人猿幼稚時已長子女非父母共護育不可

故最低等民族爲一夫一妻制 且必男皆自擇

犯限制違之則爲亂倫見初民社会十八頁

蓋即證已之似亦非舊偶也

婚姻

摩婚

謂多妻多夫之言或稱為多多耦婚見初民社會四十七 男与男

女與女皆有關係非隨意合若干人也

多妻皆畜牧之摩 狩獵及初級農業不然

婚姻

掠奪婚

多原於戰爭或得妻困難之時 掠得者亦

多爲妾 軍俘妾 不了

婚姻

未婚嫁者鰥寡者別居

勉東女閒之制或屋於此　士男子居外

女子居內亦或者此制居之闈　晝居在內間　其疾可也

昏姻

長子權

蓋見於多妻社會

内昏外昏　見文化人類學二〇一頁　初民社會二〇頁

内昏謂行於摶群之内摶群之爲家族爲民族爲部落爲階級而同也　大抵行於等級成見深之一屬印度之種姓其例　兄弟姊妹爲昏者古埃及秘魯則並此重門第破之

又有宗教之内昏如回教徒不與異教徒結昏

輩行皆

夏威夷人親屬不分父方母方　同輩親屬皆同稱　摩根因此推其由血族婚　初民社會　六十八

然夏威夷人稱兄弟姻姊妹夫之父母■稱妻之父母皆以父母名　彼於男與父固用一名然不與男即可爲父也　稱父爲通稱女而不知父母亦通稱寧不知母耶

啓相

賣買昏　服務昏

是僱傭賣買者是魄歸但帝于壽者此產或多
往醜態
養命試驗其者力之之壽服務昏
上述　告日所
買乃但為法的權利者

一、室家

尔疋 宮謂之室其內謂之家

左桓十八 申繻曰女有家男有室

婦人謂夫爲夫子乃上下之通名

詩序以配君子疏

又葛覃疏君子是夫之尊名故詩於婦人稱

夫多言君子也黄鳥於飛下

「壻曰昏，妻曰姻」

播解鄭注　疏曰：爾雅據男女父母，此據男女之身

后妃

「天子之妃雖稱后耳妃則上下通名故以妃配后而言之」詩序疏

禮

昏禮所用雁乃鵝

陳奐匏有苦葉雝雝鳴雁疏

妾子之妻稱妾子之母曰皇姑

服問疏妾子之妻為其皇姑

婦本義爲役者細弱　由妻子引申爲財産

說文釋例卷十七頁十八　卷二十頁廿四

婦人從夫姓以己姓爲名

漢書項籍傳有美人姓虞氏補注

龍陽

國策廿五、五上

美女謂之姬

陳風東門之池疏

夫婦

稱夫爲良人

詩鵲巢疏

昏姻

三歸非娶三姓女

漢書補注禮樂志三協一雜徽

婚姻

贅繫屬之辭

公羊襄十六年 贅旒然 何詁 贅繫屬之辭 若今俗名就壻爲贅壻矣

后亦指夫人

繼母以嬰御人疾莊后 傳莊后適夫人齋莊

同禮坊

古冠士昏禮直秦漢兼教

儀禮五細纚笄宵衣在其右疏

昏姻

「大昏國之取禘也」

哀公問鄭注

「女御士妻亦爲命婦」

天官內宰注

婦女

鹿氏之母死乃子黑鹿出

先秦諸子繫年考辨 一六一

歸女

無易樹子毋以妾爲妻

孟子告子　公傳之陽穀之會同　穀傳

以葵丘之盟亦多有毋使婦與國事七

字　管子大匡之訓屋毋專立妾以爲妻

、、、、士庶人毋專棄妻　管子

[illegible]言

原妻

一婢 一娼 和 摩登學為

嫁之人

婦女

女權与生計

經濟不獨立固使婦女地位卑劣 然倫理觀念等

詳見初民社會

亦可播之政權經濟只副因之一

二三三至二四〇頁

婦女

女權

首領繼承雖由女系女子亦實不爲酋或嘗付攝付
女性或婿繼位

真女子統治罕見

女權

婦女以爲貴族而貴

如邪村茲人 貴太陽族 太陽族之女下嫁他族 其夫不得爲家長 其子於叔不得與之同食 祀姑即壽盡 見初民社會

女權

女子結社少

野蠻人則然論其因謂女子不喜結社喜聚居親屬羣內非也彼其事本不須多人如織非女事故無制度非天賦

自持

「路室女之方桑兮孔子過之以自侍」

七諫 楚辭十三・十四

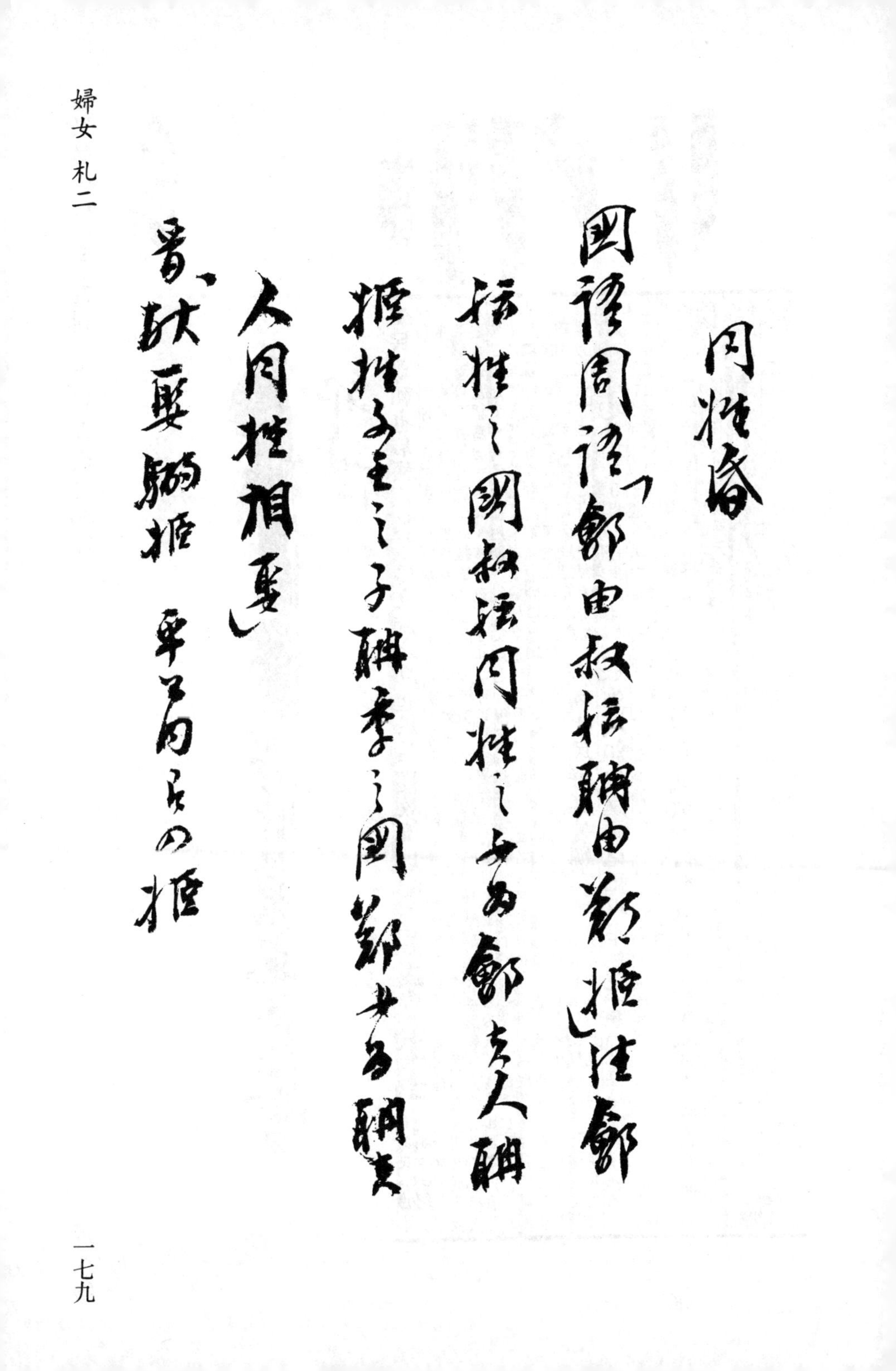

郊禖

生民尊祖也后稷生於姜嫄文武之功起於后稷故推以配天焉。嫄音原姜姓嫄名有邰氏之女帝嚳元妃后稷母也。疏生民八章首章十句二章三章八句四章五章十句六章八句七章十句卒章八句至配天焉。正義曰作生民詩者言尊祖也序又言尊祖之意以后稷生於姜嫄而來其文王受命武王除亂以定天下之功其兆本起由於后稷及周公成王致大平制禮以王功起於后稷故推舉之以配天謂配夏正郊天焉祭天而以祖配祭者天無形象推人道以事之當得人爲之主禮記稱萬物本於天人本於祖俱爲其本可以相配是故王者皆以祖配天是同祖於天故爲尊也祖之定名父之父耳但祖者始也已所從始也自父之父以上皆得稱焉此后稷之於成王乃十七世祖也不言姜嫄生后稷者經稱厥初生民時維姜嫄是據后稷本之姜嫄故序亦順經而爲文也言文武之功起於后稷者周語云后稷勤周十五世而興是后稷勤行功業爲周室開基也中候稷起謂云堯受河圖洛書后稷有名錄苗裔當王是后稷子孫當王名見圖書也文既因之武亦因之故并言文武之功起於后稷也經八章上三章言后稷生之所由顯異之事是后稷生於姜嫄也下五章言后稷長而有功見其得以配天之意其言推以配天結上尊祖之言於經無所當也。厥初生民時維姜嫄生民本后稷也姜姓也后稷之母配高辛氏帝箋云厥其初始時是也言周之始祖其生之者是姜嫄也姜姓者炎帝之後有女名嫄當堯之時爲高辛氏之世妃本后稷之初生故謂之生民生民如何克禋克祀以弗無子禋敬弗去也去無子求有子古者必立郊禖焉玄鳥至之日以大牢祠于郊禖天子親往后妃率九嬪御乃禮天子所御帶以弓韣授以弓矢于郊禖之前箋云克能也弗之言祓也姜嫄之生后稷如何乎乃禋祀上帝於郊禖以祓除其無子之疾而得其福也能者言齊肅當神明意也二王之後得用天子之禮。禋音因嬪婢人反韣音獨弓衣祓音拂又音廢下同齊側皆反本亦作齋篇末齊敬同。履帝武敏歆攸介攸止載震載夙載生載育時維后稷履踐也帝高辛氏之帝也武迹敏疾也從於帝而見于天將事齊敏也歆饗介大也攸止福祿所止也震動夙早育長也后稷播百穀以利民箋云帝上帝也敏拇也介左右也夙之言肅也祀郊禖之時時則有大神之迹姜嫄履之足不能滿履其拇指之處心體歆歆然其左右所止住如有人道感己者也於是遂有身而肅戒不復御後則生子而養長名之曰弃舜臣堯而舉之是爲后稷。敏密謹反歆許金反介音戒震眞眞反見賢遍反齊側皆反又如字疏厥初至后稷。毛以爲本其初生此民者誰生之乎是維姜嫄言有女姓姜名嫄生此民也既言姜嫄生民又問民生之狀言姜嫄之生此民如之何以得生之乎乃由姜嫄能禋敬能恭祀於郊禖之神以除去無子之疾故生之也禋祀郊禖也凡祭祀無不絜而不可謂皆精然則精意以享宜施燔燎精誠以假煙氣之升以達其誠故也切以準言爲然鄭於尚書以文武於明堂配五帝故亦以稱禋是禋名雖施於祭天也傳於此下即說郊禖之祀郊必祭天則毛亦以此禋爲祭天其餘書傳言禋者則未知毛意與誰同也弗訓爲去心所不欲即當去之故以弗去謂去無子以求有子也經言禋祀未知所祀之神故云古者必立郊禖焉言此祀祀郊禖也知者以婦人無外事不因求子之祭無有出國之理又禋祀以求子雖禖爲然故知禋祀是祀禖也既言所祀之神因言其祭之祀自玄鳥至之日以下皆月令文所異者雖彼郊作高耳玄鳥燕也燕至在春分二月之中燕以此時感陽氣來集人堂宇其來主爲産乳蕃滋故王者重其初至之日用牛羊豕之太牢祀於郊禖之神蓋祭天而以先禖者配之變禖言禖者神之也其祭之時天子親自身往敬其事故親祭之於時后妃率九嬪從之而往侍御於祭焉天子內官有后也夫人也嬪也世婦也女御也而獨言九嬪者以后是內官之主須后妃率之五等則九嬪居中舉中而言明百二十八皆往也未有孕而往者求其早有孕也內官百二十八周之制也高辛之時未有此數因祀之成文而引之耳於祀之時乃以醴酒祀天子所御謂已被幸有娠者也使太祝酌酒飲之於郊禖之庭以神之惠光顯之也既飲之酒又帶以弓之韣衣授以弓矢使執之於郊禖之前弓矢者男子之事使之帶弓衣執弓矢冀其所生爲男也鄭於月令之註其意則然雖高禖異耳故鄭註云高辛氏之世玄鳥遺卵娀簡狄吞之而生契後王以爲禖官嘉祥而立其祀焉以爲由高辛有嘉祥故稱高禖蔡邕月令章句云高禖祀名高猶尊也禖猶媒也吉事先見之象謂之人先毛於此及玄鳥傳皆依作郊禖則讀高爲郊下傳云從於帝而見於天則此祭爲祭天不祭人先也於郊故謂之郊不由高辛亦不以高爲尊也郊天用特牲而此祭天用太牢者以兼祭先禖之神異於常郊故也鄭於此箋亦云禋祀上帝於郊禖則后稷未生之前已有郊禖之祀矣而月令註以爲簡狄吞鳦卵生契後王以爲嘉祥而立其祀又以契之後王始立此祀二義不同者鄭志王權有此問焦喬荅云先契之時必自有禖氏祓除之祀位在南郊蓋以玄鳥至之日祀之矣然得禮祀乃於上帝也娀簡吞鳦有子之後後王以爲媒官嘉祥祀之以配帝謂之高媒毛傳亦云郊禖者以古自有於郊克禋之義又據祀之成文耳祀天而以先禖配之義如后土祀以爲社此是鄭沖弟子爲說以申鄭義其意言高辛已前祭天於郊亦以先禖配之謂之郊禖至高辛之世以有吞鳦之事以爲禖之嘉祥又以高辛之世禖配此祭故改之而爲高禖故此箋從傳爲郊祀祀解其高義後王以爲媒官嘉祥而立其祀謂立禖以配郊非謂立郊求子始於後王鄭意或當然也如此爲說可得合詩祀二註耳然祀註爲高辛之世者謂高辛之後世子孫猶號高辛其時簡狄吞鳦卵生契如此得與稷同時爲堯臣耳○箋克能至之祀○正義曰克能釋言文釋詁云祓福也孫炎曰祓除之福周語云祓除其心女巫云祓除釁浴左傳祓社釁鼓檀弓云巫先祓柩皆祓除凶惡義取祓去故云弗之言祓也禋祀上帝於郊禖祓除其無子之疾以得其福雖解弗字爲異與傳去無子之意亦同也非天子不得祭天此姜嫄是爲高辛氏後世之妃則其夫不爲天子所以得祈郊禖祭天神故解之云二王之後得用天子之禮故也王者存先代所以通天三統使得行其正朔用天子之禮故禮運曰杞之郊也禹宋之郊也契是二王之後得祭天也下言后稷功成乃封之於邰則此時必有國矣未知其國之名所在之地耳○傳履踐至利民○正義曰諸書傳言姜嫄履大迹生稷簡狄吞鳦卵生契者皆毛所不信故以帝爲高辛氏帝蓋以二章卒章皆言上帝此獨言帝不言上故以爲高辛氏帝也釋訓云履帝武敏武迹也敏拇也傳既依爾雅以武爲迹而不以敏爲拇者毛意蓋謂爾雅不可盡從故也心識速疾謂之敏故訓敏爲疾又解姜嫄得踐帝迹所由以高辛之帝親行禋祀姜嫄從於帝而往見於天故行在後而踐帝之迹從帝見天即上傳所云后妃率九嬪御是也踐迹者直謂隨後行耳非必以足蹋其踐地之處也將事齊敏者將行也謂行祀天之事齊敬而速疾也鬼神食氣謂之歆故以歆爲饗謂祭而神饗之也介大釋詁文福祿所止謂止於姜嫄使之早有子也震動夙早育長皆釋詁文動謂懷任而身動也昭元年左傳曰邑姜方震大叔哀元年左傳曰后緡方震皆謂有身爲震

婚姻

内婚

参見民族学史四八

婦女

所以為女子，遠丈夫也。鍾建負我矣。左定五

[illegible]

仲[illegible]付

[illegible]廿

男女雜錯

風俗通九之七　林散之作

安

楊終傳(二)2下(8)14下(9)14上(補遺)5上

蕭(三)4下(五)1下(15)3下5上6下

妾爲女君 疏 妾爲女君○釋曰妾事女君使與臣事君同故

傳曰何以期也妾之事女君與婦之事舅姑等 女君君適妻也

亥之也以其妻既與夫體敵妾不得體夫故名妾妾接也接事適妻故妾稱適妻爲女君也

女君於妾無服報之則重降之則嫌 疏 傳曰至姑等○釋曰傳意謂妾或是妻之姪娣同事一人忽爲之重服故發問也荅曰妾之事女君與婦之事舅姑等者婦之事舅姑亦期故云等但並后匹適傾覆之階故抑之雖或姪娣使如子之妻與婦事舅姑同也○注女君至則嫌○釋曰云女君於妾無服者諸經傳無女君服妾之文故云無服必無服者鄭解其不廢之意是以云報之則重還報以期無尊卑降殺大重也云降之則嫌者若降之大功小功則似舅姑爲適婦庶婦之嫌故使女君爲妾無服也

通

男婦

親族

禁蒸君婦莫之察凡通妻稱君婦妻寡姑之稱也

蓋義凡通妻稱男婦姑妻稱之兄姊也

婦有寡姑之稱不單稱男伯叔母也

56

庶子为父后者为其母缌，有死于宫中者三月不举祭

君卒庶子为母大功 [illegible]三年 [illegible]则缌

天子诸侯庶子承后为其母？

庶子爲父後者爲其母疏。釋曰此爲無冢適唯有妾子父死庶子承後爲其母緦也傳曰何以緦也傳曰與尊者爲一體不敢服其私親也然則何以服緦也有死於宮中者則爲之三月不舉祭因是以服緦也君卒庶子爲母大功大夫卒庶子爲母三年也士雖在庶子爲母皆如衆人疏傳曰至緦也。釋曰傳發問者怪其親重而服輕故問引舊傳者子夏見有成文引以爲證云與尊者爲一體者父子一體如有首足者也云不敢服其私親也者妾母不得體君不得爲正親故言私親也云然則何以服緦也又發此問者前荅既云不敢服其私親即應全不服而又服緦何也荅曰有死於宮中者則爲之三月不舉祭因是以服緦也者云有死宮中者縱是臣僕死於宮中亦三月不舉祭故此庶子因是爲母服緦也有死即廢祭者不欲聞凶人故也。注君卒至衆人。釋曰云君卒庶子爲母大功者大功章云公之庶昆弟爲其母是也以其先君在公子爲母在五服外記所云是也先君卒則是今君庶昆弟爲其母大功先君餘尊之所厭不得過大功今庶子承重故緦云大夫卒庶子爲母三年也者以其母在大功父卒無餘尊所厭故伸三年士雖在庶子爲母皆如衆人者士卑無厭故也鄭并言大夫士之庶子者欲見不承後者如此服若承後則皆緦故并言之也向來經傳所云者據大夫士之庶子承後法若天子諸侯庶子承後爲其母所服云何案曾子問云古者天子練冠以燕居鄭云謂庶子王爲其母無服案服問云君之母非夫人則羣臣無服唯近臣及僕驂乘從服唯君所服服也注云妾先君所不服也禮庶子爲後爲其母緦言唯君所服申君也春秋之義有以小君服之者時若小君在則益不可據彼二文而言曾子問所云據小君在則練冠五服外服問所云據小君沒後其庶子爲得申故鄭云申君是以引春秋之義母以子貴若然天子諸侯禮同與大夫士禮有異也

[illegible]卅三

昏礼

夫婦服節

夫婦始接媵御交道其志

勉案士有媵而男亦有御 礼意甚平等也

媵御皆有之

14

婦至主人揖婦以入及寢門揖入升自西階媵布席于奥夫入于室即席婦尊西南面媵御沃盥交升自西階道婦入也媵送也謂女從者也御當為訝訝迎也謂壻從者也媵沃壻盥於南洗御沃婦盥於北洗夫婦始接情有廉恥媵御交道其志 疏 婦至至盥交○釋曰此明夫導於婦入門升階及對席媵御沃盥之儀云主人揖婦以入者此則詩云好人提提宛然左辟是也云夫入于室即席者謂壻也婦在尊西未設席壻既為主東面須設饌訖乃設對席揖即對席為前後至之便故也○注升自至其志○釋曰云升自西階道婦入也者以尋常賓客主人在東賓在西今主人與妻俱升西階故云道婦入也云媵送也謂女從者也即姪娣也云御當為訝訝迎也謂婿從者也者以其與婦人為盥非男子之事謂夫家之賤者也知媵沃壻盥於南洗御沃婦盥於北洗者以其有南北二洗又云媵御沃盥交明知夫婦與媵御南北交相沃盥也

贊者徹尊冪舉者盥出除冪舉鼎入陳于阼階南西面北上匕俎從設執匕者執俎者從鼎而入設之匕所以別出牲體也俎所以載也 疏 贊者至從設○注執匕至載也○釋曰案特牲少牢公食與有司徹及此昏禮等執匕俎舉鼎各別人者此吉禮尚威儀故也士喪禮舉鼎右人以右手執匕左人以左手執俎舉鼎人兼執匕俎者喪禮畧也云從設者以從男之事故從吉祭法也公食執匕俎之人入加匕於鼎陳俎於鼎南其匕與載皆舉鼎者為之特牲注云右人也尊者於事指使可也則右人於鼎北南面匕肉出之左人於鼎西俎南北面承取肉載於俎士虞右人載者喪祭少變故在西方長者在左也今昏禮鬼神陰陽當與特牲禮同亦右人匕左人載遂執俎而立以侍設也云匕所以別出牲體也者凡牲有體別謂肩臂臑肫胳脊脅之等於鼎以次別匕出之載者依其體別以次載之於俎故云別出牲體也

十三經注疏 儀禮五 士昏禮 廿六

北面載執而俟執俎而立俟豆先設 疏 北面載執而俟○注執俎至先設○釋曰知俟豆先設者下文菹醢後乃云俎入設于豆東故知也

匕者逆退復位于門東北面西上執匕者事畢逆退由便至此乃著其位畧賤也 疏 匕者至西上○注執匕至賤也○釋曰云至此乃著其位畧賤也者案士冠未行事陳主人位訖即言兄弟及擯者之位於此初陳鼎門外時不見

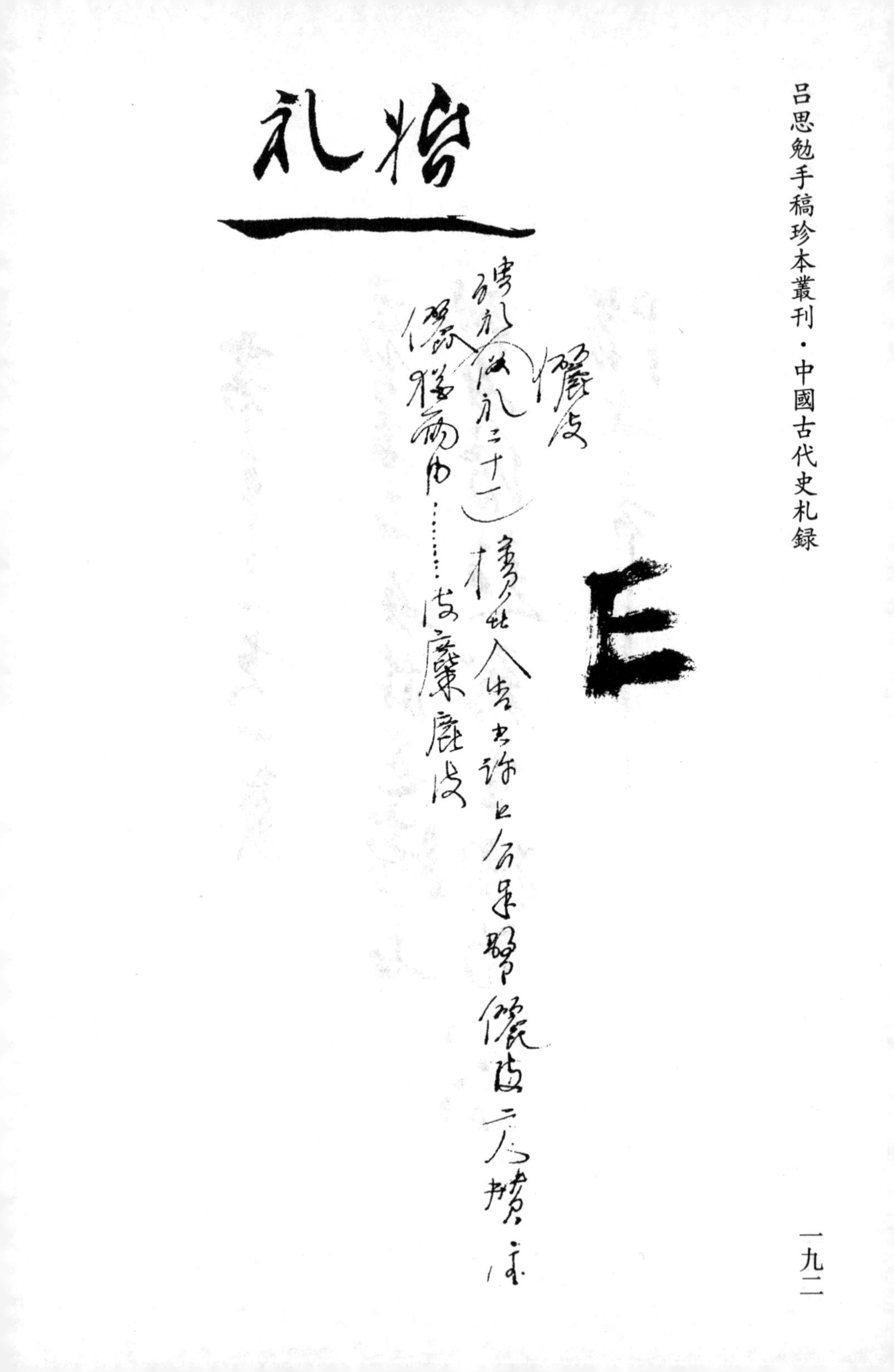

札録

上

「禮婦人拜稽曰拜及曰肅拜」

穀隱二

夫婦

婦人謂嫁曰歸，反曰來歸

出女例之

五年春王正月杞叔姬來歸婦人之義嫁曰歸反曰來歸○仲孫蔑如宋○夏叔孫僑如會晉荀首于穀穀齊地疏婦人至來歸○釋曰范氏云出女例凡三齊人來歸子叔姬一也郯伯姬來歸二也此杞叔姬來歸三也又別引文十八年夫人姜氏歸於齊為例者出既是同但內外為異故并引之也子叔姬淫而得罪為齊所逐故言齊人來歸今杞叔姬文既與之異故並發傳舉其上下郯伯姬亦足以相包故不更發之

歸

夫婦

昏禮六禮成
納采 問名 納吉 納徵 請期 親迎
夫婦來親迎而卒成

未婚夫婦名交
納徵——禮成

婚禮
同牢——夫婦禮成
見舅姑——婦禮成
饋食

婦見舅姑及饋未廟見而死則不遷于祖不祔皇姑

曾子問 則舅姑在曰已見而死歸葬於女氏之黨

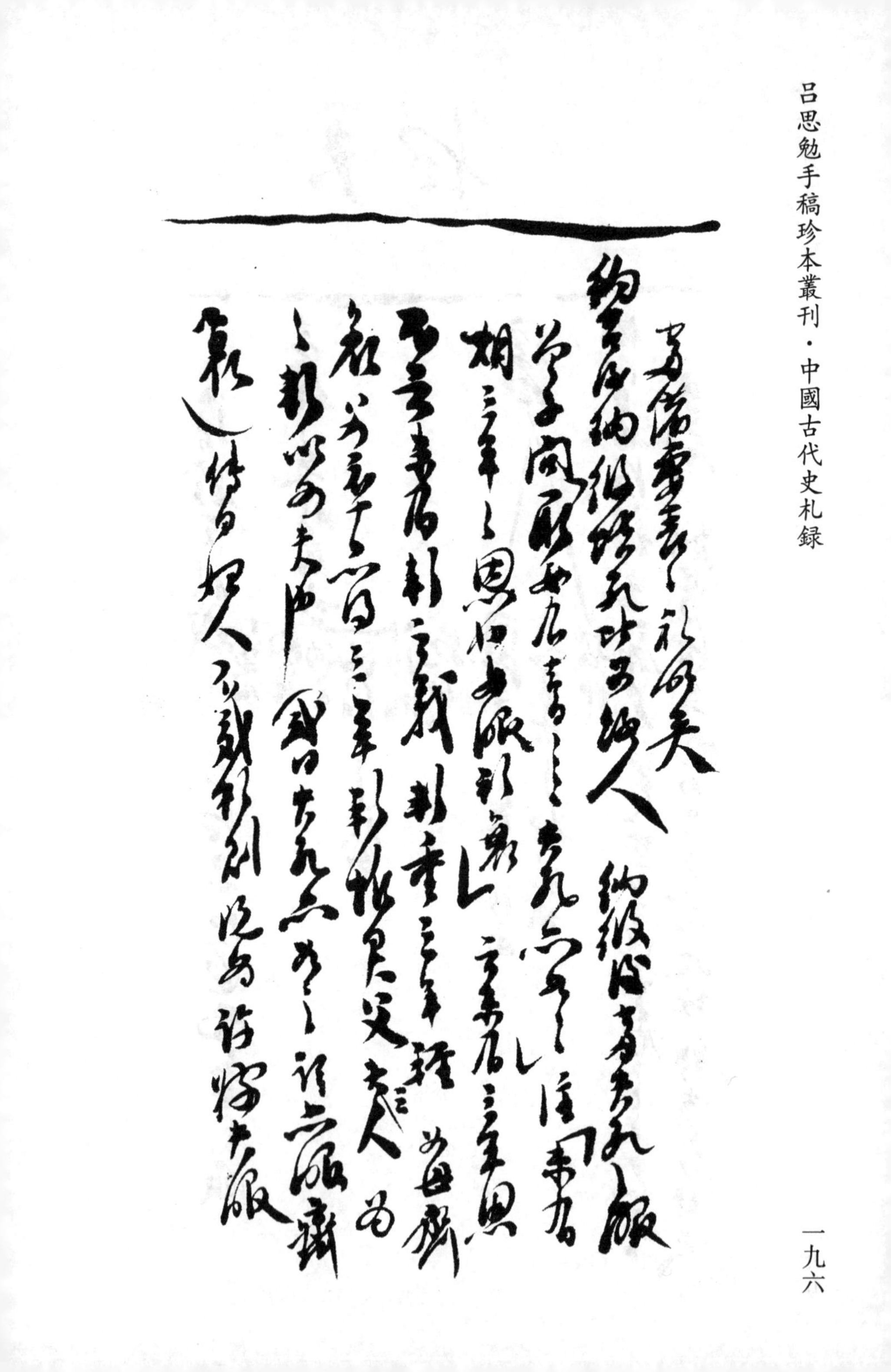

寄語春秋 [illegible] 矣

約法 [illegible] 納級 [illegible] 鄉人 納級 [illegible]

[illegible] 問 [illegible] 九 [illegible]

相 [illegible] 年 [illegible] 因 [illegible]

[illegible] 書 [illegible] 三年 [illegible]

[illegible]

[illegible] 大人 [illegible]

[illegible]

報人 [illegible]

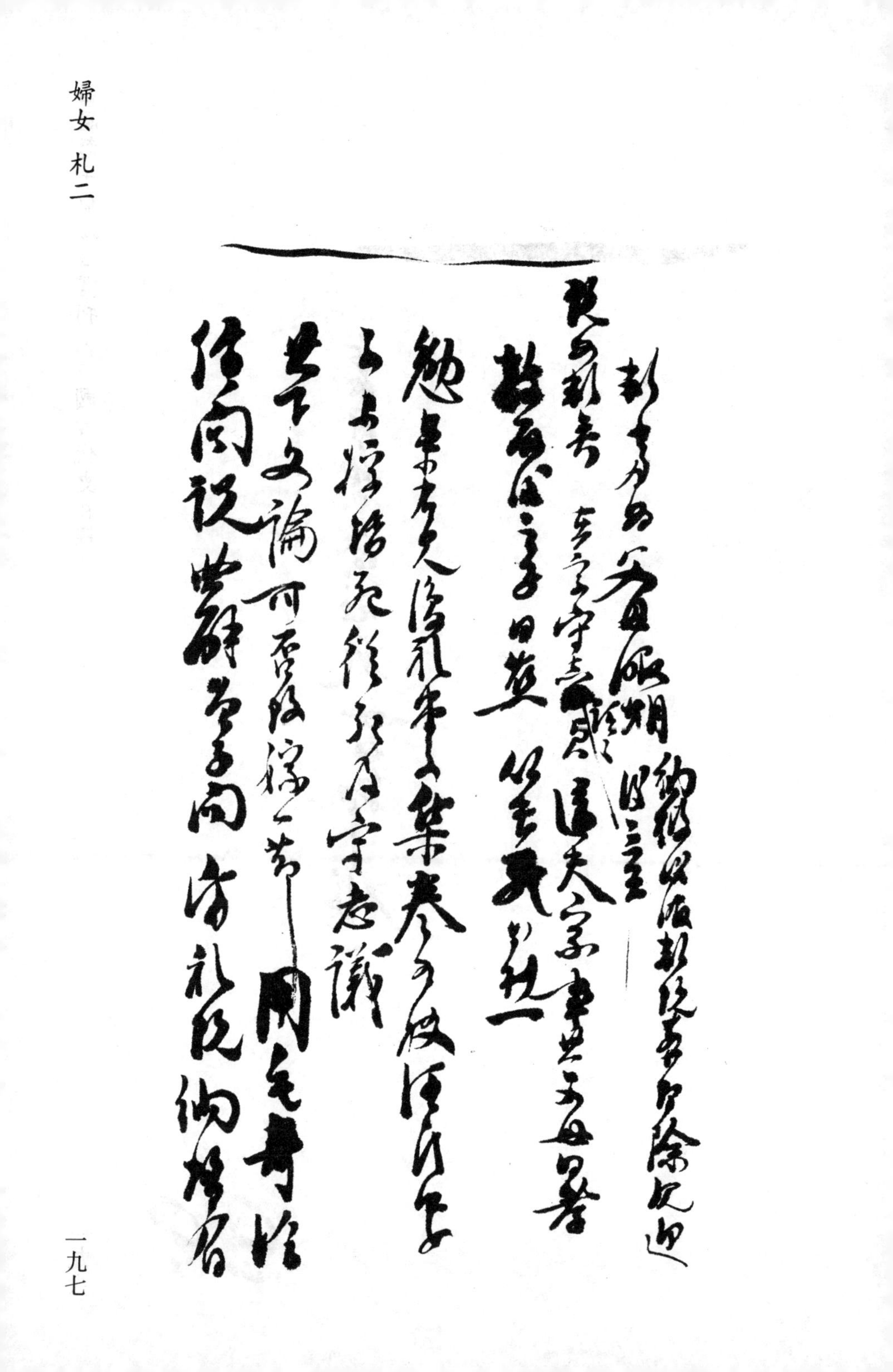

一

書七十篇凡下節十淮

以女許人稱貺室

昏辭曰吾子有惠貺室某也

昏辭擯者請事告之辭吾子謂女父也稱有惠明下達貺賜也室猶妻也子謂公冶長可妻也某壻名

疏 昏辭至某也○注昏辭至壻名○釋曰鄭知昏辭是擯者請事告之辭者以其言吾子有惠貺室某也是使告主人之辭明知是擯者出門請事使者告之辭也知吾子謂女父者請事告擯者稱前已有惠貺其妻於壻某申明是女父乃得以女許人故知吾子女父也云明下達者此擯者稱有惠貺室即壻家舊已有辭下達女家見許今得言貺室也故引上文下達以釋此也引子謂公冶長可妻也者證以女許人稱貺室室猶妻也

女君以尊降其兄弟　爲父後者不降

君與女君不厭妾

凡妾爲私兄弟如邦人。嫌厭降之也私兄弟自其族親也然則女君有以尊降其兄弟者謂士之女爲大夫妻大夫之女爲諸侯夫人諸侯之女爲天王后也父卒昆弟之爲父後者宗子亦不敢降也

疏○注嫌厭至降也○釋曰妾言凡者摠天子以下至士故凡以該之也云嫌厭降之也者解記此之意君與女君不厭妾故云嫌厭之其實不厭故記人明之云私兄弟自其族親也者以其兄弟緫外內之稱若言私兄弟則妾家族親也云然則女君有以尊降其兄弟者以其女君與君體敵故得降其兄弟旁親之等子尊不加父母唯不降父母則可降其兄弟旁親云謂士之女爲大夫妻大夫之女爲諸侯夫人諸侯之女爲天王后者此等皆得降其兄弟旁親也云父卒昆弟之爲父後者宗子亦不敢降也者雖得降其兄弟此爲父後者不得降容有歸宗之義歸於此家故不降

十三經注疏 儀禮三十四 喪服

也

妾爲女君君之長子惡笄有首布總

疏 ○釋曰妾爲女君之服得與女君同爲長子亦三年但爲情輕故與上文婦事舅姑齊衰同惡笄有首布總也

妾爲女君服得與女君同

妾爲長子之三年

任女

（儀禮）（士昏禮）

笄，竹器而衣者
見舅用棗栗，見姑用腶脩
見舅于寢者，兄弟以下在位而已見
旁尊
拜奠之，舅尊不敢授

執笄棗栗自門入升自西階進拜奠于席笄竹器而衣者其形蓋如今之筥𥯀蘆矣進拜者進東面乃拜奠之者舅尊不敢授也疏婦執至于席○釋曰此經論婦從舅寢門外入見舅之事也此見舅用棗栗見姑以腶脩者案春秋莊二十四年經書秋八月丁丑夫人姜氏入戊寅大夫宗婦覿用幣公羊傳云宗婦者何大夫之妻也覿者何見也用者何用者不宜用也見用幣非禮也然則曷用棗栗云乎腶脩云乎注云腶脩者脯也禮婦人見舅以棗栗爲贄見姑以腶脩爲贄見夫人至尊兼而用之云乎辭也棗栗取其早自謹敬腶脩取其斷斷自脩正是用棗栗腶脩之義也案雜記云婦見舅姑兄弟姑姊妹皆立于堂下西面北上是見已注云婦來爲供養也其見主於尊者兄弟以下在位是爲已見不復特見又云見諸父各就其寢注云旁尊也亦爲見時不來今此不言者文畧也○注笄竹至授也○釋曰知笄竹器者以字從竹故知竹器知有衣者下記云笄緇被纁裏加于橋注云被表也笄有衣者婦見舅姑以飾爲敬是有衣也云如今之筥𥯀蘆矣者此舉漢法以況義但漢法去今以遠其狀無以可知也云進拜者進東面乃拜者謂從西階進至舅前而拜云奠之者舅尊不敢授也者案下姑奠于席不授而云舅尊不敢授者但舅直撫之而已至姑則親舉之親舉者若親授之然故於舅得云尊不敢授也

宋儀通行於周道

寓教於此　留時

日夜分。雷乃發聲。始電。蟄蟲咸動。啓戶始出。又記時候發猶出也。○電大練反 ○先雷三日奮木鐸以令兆民 ○是月也

曰雷將發聲有不戒其容止者生子不備必有凶災。主戒婦人有娠者也容止猶動靜。○先悉薦反奮方問反鐸大各反

疏日夜至始出。○正義曰日夜分謂晝夜漏刻馬融云晝有五十刻夜有五十刻據日出日入爲限蔡邕以爲星見爲夜日入後三刻日出前三刻皆屬晝晝有五十六刻夜有四十四刻鄭康成注尚書云日中星以爲日見之漏五十五刻不見之漏四十五刻與蔡校一刻也大略亦同雷乃發聲者雷是陽氣之聲將上與陰相衝蔡邕云季冬雷在地下則雉應而雊孟春動於地之上則蟄蟲應而振出至此升而動於天之下其聲發揚也以雷出有漸故言乃云始電者電是陽光陽微則光不見此月陽氣漸盛以擊於陰其光乃見故云始電。○蟄蟲咸動啓戶始出者戶謂穴也謂發所蟄之穴蟄蟲早者孟春乃出則左傳啓蟄而郊是也蟄蟲晚者則二月始出故此云蟄蟲咸動則正月未皆動重記時候者庾蔚云謂蓋先記時候以明應節後言時候以應二分二至所應不同故重記之也。○注主戒至動靜。○正義曰以其生子不備必有凶災故知主戒婦人也云容止猶動靜者蔡云迅雷風烈孔子必變玉藻云迅雷甚雨則必變雖夜必興衣服冠而坐所以畏天威也小人不畏天威褻慢褻瀆或至夫婦交接君子仰法不可指斥言之故曰有不戒其容止者言此時夫婦交接生子支節性情必不備其父母必有災也

晝若干刻日，夜若干刻日。

先雷三日奮木鐸以令兆民，有不戒其容止者，生子不備，必有凶災。——戒夫妻婦交接

月令雜志

何以不言救也據實救蔡救大也夷狄漸進未同於中國疏救大也○釋曰夷狄漸進未同於中國狄何以言救救齊解救齊是善事今吳夷狄而憂中國故進稱子然未同諸夏故不言救雖書救齊而未稱人許夷狄不使頓備故也令吳既進稱子復書曰救便與中國齊蹤華夷等迹故不與救若書救當言吳子救蔡蔡侯以吳子及楚人戰于伯舉不直舉救蔡而言吳入楚楚囊瓦出奔鄭知見伐由已故懼而出奔庚辰吳入楚日入易無楚也易無楚者壞宗廟徙陳器撻平王之墓鄭嗣曰陳器樂縣也禮諸侯軒縣言吳人壞楚宗廟徙其樂器鞭其君之尸楚無能捍禦之者若曰無人也○易以豉反壞音怪撻土達反縣音玄亢苦浪反何以不言滅也據宗廟既毀樂器已徙則是滅也欲存楚也其欲存楚奈何昭王之軍敗而逃父老送之曰寡人不肖亡先君之邑父老反矣何憂無君寡人且用此入海矣父老曰有君如此其賢也以衆不如吳以必死不如楚雍曰吳勝而驕楚敗而奮○肖音笑奮方問反相與擊之一夜而三敗吳人復立楚復立也○敗必邁反復扶又反

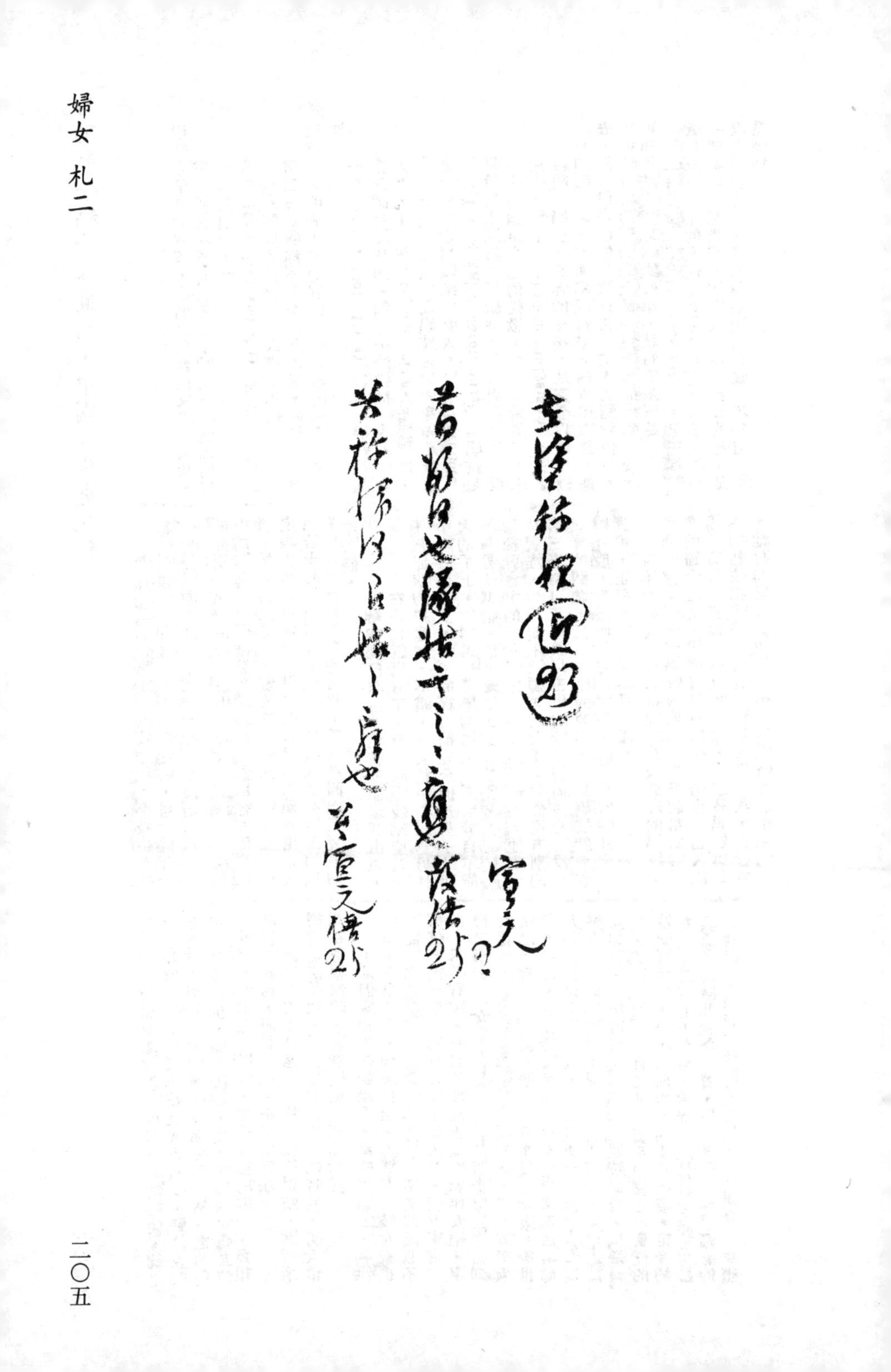

娼妓之確當的解釋，我們應當到西文書中去找。韋勃斯脫（N．Webster）說：『實行賣淫的婦女謂之娼妓。』

福萊爾兄弟（H．W．and F．G．FoWler）說：『出賣身體與人亂交的婦人謂之娼妓』

這二種定義都不完全而且含糊，最好是下面三位有名的著作家的解釋，就比較的完全了：

』

海絲（GretemaiSel—Hess）說：『娼妓是靠賣身滿足隨便那一個男子的性欲 收入的女人』。——Shl sexnhl cvis s．愛理絲（Hanelock Ellis）說：『娼妓是以賣身滿足無數男子的性欲爲職業的女人。』——Pszcholosz of I x．屈立頓（Andersnlon）說：『娼妓是以伊的生殖器出租給許多男人而換錢的，既不是爲滿足自己的性欲，又不去希望自己生兒子。』——PsgchoanalysisAnJ Gone．對呵，娼妓與嫖客的交接，是完全以錢來做媒介的呵。『一方面拿錢出來，他方面取錢，進去，而以伊自己的身體供出錢的人去隨意使用。』這種賣淫的契約完全是一種商業的行爲。於此可知娼妓之所以爲娼妓第一種特徵是買易 Bntu)，第二種特徵是亂交（Promiscnity），第三種特徵是沒有真正的愛情 (Emotime inJ iefumre)。一個姑娘不能僅接一個客人，對於出錢的男子是沒有不招待的，伊的目中祇有金錢，不知道什麽是愛情。

日本的娼妓分藝妓與色妓二種。藝妓擅長歌舞，專祇與人侑酒；色妓即淫賣婦，居於待合所，專營皮肉生涯。中國的娼妓，卻沒有這種嚴密的分別。北京清吟小班中的妓女與上海長三妓院中的一女，伊們雖然名爲歌妓，祇爲客人侍酒侑觴，然亦留人度夜，賣笑又復賣淫。這樣上述的定義仍舊可以適用：伊們把自己的生殖器租給人用若干時，換取若干錢；或是給人偎香抱玉的玩弄，自己爽喉放膽的高歌，博取幾個賣笑賣唱的辛苦錢。

的解釋既已明白，現在進而論其由來。

在古代就已有了。有人說娼妓制度是女子被征服的紀念牌，不錯，自女性中心變爲男性中心時代之後，女子的經濟權完全握在男子的粗大的手上，伊們退居隸屬的地位，要生活自不能不向男子獻媚。倍倍爾（Ansnst Bele）說：『有產階級社會中的男女關係，一方面是結婚，他方面是賣淫。』經濟不能獨立的女子，當然沒有別的第三條路可走。加以古代的社會俗尚亂交，沒有貞操的觀念，且有多婚的傾向。所以娼妓就和奴隸一般，自然而然的發生了，而且被當時社會所認可，正和奴隸之被認可一樣。

西洋的娼妓始於古希臘。希臘那時的娼妓，共分四種：第一種娼妓的地位，幾乎超出當時平常的婦女之上，伊們可以自由往來街市，出入劇場，與名士辯論，與政客交際。第二種娼妓與日本的藝技相彷彿，當宴會時爲人度清歌，奏妙舞，地位則與奴隸相等。第三種娼妓類似中國的『野雞』，每當夕陽將沉，明月初升的時候，就出外去拉客了。第四種娼妓是富人的妾，嚴格說並不能算作娼妓。這四種娼妓都要向家納一定的稅捐，不得違抗。降及羅馬，妓女都須到官廳去領一執照。有執照的妓女，要受官廳的取締，負担納稅的義務，而且要住在指定的區域。

此外古代埃及還有一種宗教的娼妓，實行所謂『神聖賣淫』。埃及當舉行大祭的時候，男女混雜在尼羅河畔，恣意縱慾，視爲當然。

中國倡家相傳托始洪涯。萬物原始云，『洪涯妓，三皇時人，倡家托始。』釋名，『妓女樂也。』所謂女樂單是奏樂演舞而已。不過此說似不可信，謂三皇時就有女樂未免太早，何以唐虞之世，未聞有妓。並且各書都說夏桀始作女樂。事物起原云，『女樂，自周末皆有而桀爲之始。』列女傳云，『夏桀既棄禮義，淫於婦人，求四方美女積之後宮，作爛縵之樂。』夏桀既作女樂，後世帝王繼之。春秋時諸侯間，以女樂相遺送，如『鄭人賂晉侯以女樂二八，晉侯以樂』（左傳），又如『齊人歸女樂，季桓子受之，三日不朝，孔子行』（論語）。女樂可以說是中國的娼妓前身。但是女樂只是以悅人，自己並不賣身。中國之有賣淫的妓女，實始於西歷紀元前六百四十八年頃，距今約在二千五百七十餘年前。當時齊『管仲設女閭三百』（齊書）『徵其夜合之資，以佐軍國』（謝肇淛著的五雜俎）。所謂女妓就是現在妓院的里巷。周禮

『五家爲比，五比爲閭』，三百女閭等於七千五百家以每家一人計算，則當時齊國一國上有七千五百名妓女了。但是齊語上說更多，說『齊女妓七百，徵其夜合之資，以充國用。管仲相桓時立此法，以富國。』大概這個數目是後來加多的。我們在此有二點應注意：(一)齊國實行公娼制；(二)官家向妓女徵收花捐。

自管仲作俑之後，中國沒有一代沒有娼妓。『漢武帝(甚至還)置營妓，以待軍士之無妻室者』(漢武外史)。而唐代也有所謂教坊，並且設有教坊司。唐開天遺事云，『長安有平康坊，乃妓女所居之地。』唐代之妓有能詩者，與士大夫相應和，薛濤是最著的一人。但至『宋故道後，(忽然)不置教坊』(文獻通考)，『一時妓女絕跡。』不幸至元又『立教坊司掌天下妓樂』(文獻通考)。至明妓業大盛。各處都有娼妓。明謝肇淛云，『今時娼妓布滿天下，其大都會之地，動以千百計，其他窮州僻邑在在有之，終日倚門獻笑，賣淫爲活，生計至此亦可憐矣』(五雜俎)。明時四教坊的妓女都稱妓。其教坊規條碑云，『入教坊者準爲官妓。別報丁口賦稅。……官妓之夫綠巾綠帶……着豬皮鞋。』明時也有花捐，五雜俎云，『兩京教坊官收其稅，謂之脂粉錢；隸郡縣者則爲樂戶，聽使令。』降及滿清，仍襲舊制，『樂戶統於教坊司，司有一官以主之』(板橋雜志)。自辛亥。(一九一一年)革命後，中國仍是實行公娼制度，妓館稱樂戶，北京設有『樂戶收捐處。』並且妓業更加較前發達了。

冠歷(名字)

得申禮座之也若庶子則冠于房外南面遂醮焉房外謂尊東也不於阼階非代也不醮於客位成而不尊疏若庶至醮焉○釋曰上已言三代適子冠禮訖此經論庶子加冠法也周公作經於三代之下言之則三代庶子冠禮皆於房外同用醮矣但不知三代庶子各用幾醮耳今於周之適子三加一醴夏殷適子三加三醮是以下文祝辭三醴一而醮三皆爲三代而爲言至於三代庶子皆不見別辭則周之

適子冠于阼 醮于客位 [illegible] 冠而字之

庶子宜依適子用一醴夏殷庶子亦依三醮三代適子有祝辭言庶子則無故下文注云凡醮者不祝○注房外至不尊○釋曰知房外謂尊東也者上陳尊在房戶之閒案鄉飲酒賓東則東則尊東明此亦於尊東也云不於阼階非代也者案下記云適子冠於阼以著代也明庶子不於阼非代故也云不醮於客位成而不尊者下記云醮於客位加有成也是適子於客位成而尊之此則成而不尊故因冠之處遂醮焉

士冠禮 儀禮三

適子冠於阼以著代也醮於客位加有成也醮夏殷之禮每加於阼階醮之於客位所以尊敬之成其爲人也三加彌尊論其志也彌猶益也冠服後加益尊論其志者欲其德之進也疏適子至成也○注醮夏至人也○釋曰此記人說夏殷法可兼于周以其於阼及三加皆同唯醮醴有異故知舉二以見一也冠而字之敬其名也名者質所受於父母冠成人益文故敬之也今文無之疏冠而至名也○注名者至無之○釋曰案內則云子生三月父名之不言母今云受於父母者夫婦一體受父即是受於母故兼言也云冠成人益文者對名是受於父母爲質字者受於賓又彼君父之前稱名至於他人稱字也是敬定名也

東序少北近主位也○適丁歷反近附近之近醮於客位加有成也每加而有成人之道也成人則益尊醮於客位尊之也○醮子妙反三加彌尊喻其志也始加緇布冠次皮弁次爵弁冠益尊則志益大也○冠而字之敬其名也重以未成人之時呼之○

適子冠於阼以著代也

士冠禮 儀禮三

○注東序至位也○正義曰按士冠

禮冠者在主人之少北是近主位也其庶子則冠於房戶外南面○注醮於至之也○正義曰客位謂戶牖之間南面此謂適子也若夏殷醮用酒冠一加則一醮於客位周則用醴三加畢乃一醴於客位其庶子則皆醮於房戶外○三加彌尊喻其志也○言三加者初加緇布冠次加皮弁是益尊至三加爵弁是彌尊所以尊者曉喻其冠者之志意令其志意益大初加緇布冠欲其尚質重古次加皮弁欲其行三王之德後加爵弁欲其行敬事神明是志益大也○注始加緇布冠次皮弁次爵弁○正義曰此皆約士冠禮文按士冠禮三加者謂冠時三徧加冠也至冠日賓至而主人設冠身之席于阼階上近主人之北又設笄纚櫛具于席南冠身立于東房賓揖冠身出就位佐冠爲冠身梳頭著纚畢賓洗手爲正髻正髻畢往西階至第一等受取緇布冠還至冠席前跪爲冠身著冠畢冠身起入東房著玄端玄裳士子皆隨其父朝夕之服朝用玄衣素裳夕用上士玄裳中士黃裳下士雜裳雜裳前黃後玄若大夫以上至天子當同上士玄裳也畢又

十三經注疏　禮記二十六　郊特牲　三二

揖冠身出就位就位畢賓又下西階至第二等受皮弁冠還爲冠身著冠然後又著爵弁其儀皆如緇布冠也○注重以至呼之○正義曰賀氏云重難也難未成人之時呼其名故以字代之按冠禮冠身既冠見母畢立于西階東南面賓東面字之曰伯某甫是也

郊特牲

父爲長子不言適子通上下也亦言立適以長

疏父爲長子○釋曰君父尊外次長子之重故其文在此○注不言至以長○釋曰言長子通上下則適子之號唯據大夫士不通天子諸侯若言大子亦不通上下案服問云君所主夫人妻大子適婦鄭注云言妻見大夫已下亦爲此三人爲喪主也則大子下及大夫之子不通士若言世子亦不通上下唯據天子諸侯之子是以鄭云不言適子通上下非直長子得通上下冢子亦通上下故內則云冢子則大牢注云冢子猶言長子通於下也是冢子亦通上下也云亦言立適以長者欲見適妻所生皆名適子第一子死也則取適妻所生第二長者立之亦名長子若言適子唯據第一者若云長子通立適以長故也

傳曰何以三年也正體於上又乃將所傳重也庶子不得爲長子三年不繼祖也此言爲父後者然後爲長子三年重其當先祖之正體又以其將代己爲宗廟主也庶子者爲父後者之弟也言庶者遠別之也小記曰不繼祖與禰此但言祖不言禰容祖禰共廟

疏傳曰何至祖也○釋曰云何以者亦是問比例以其俱是子不杖章父爲衆子期此章長子則爲之三年故發何以之傳也不問斬而問三年者斬重而三年輕長子非尊極故舉輕以問之輕者尚問明重者可知故舉輕以明重也云正體於上又乃將所傳重也者此是荅辭也以其父祖適適相承爲上已又是適承之於後故云正體於上云又乃將所傳重者爲宗廟主是有此二事乃得三年云庶子不得爲長子三年不繼祖也者此明適適相承故須繼祖乃得爲長子三年也○注此言至共廟○釋曰云此言爲父後者然後爲長子三年者經云繼祖即是爲祖後乃得爲長子三年鄭云爲父後者然後爲長子三年不同者周之道有適子無適孫適孫猶同庶孫之例要適子死後乃立適孫乃得爲長子三年是爲父後者然後爲長子三年也云重其當先祖之正體者解經正體於上又云又以其將代已爲宗廟主也者釋經傳重也云庶子者爲父後者之弟也者謂兄得爲父後者是適子其弟則是庶子是爲父後者之弟不得爲長子三年此鄭據初而言其實繼父祖身三世長子四世乃得三年也云言庶者遠別之也者庶子妾子之號適妻所生第二者是衆子今同名庶子遠別於長子故與妾子同號也云小記曰不繼祖與禰此但言祖不言禰容祖禰共廟者案祭法云適士二廟官師一廟鄭注云官師中下之士祖禰共廟則此容祖禰共廟據官師而言若然小記所云祖禰并言者是適士二廟者也祖禰共廟不言

禰直言祖舉尊而言也鄭注小記云言不繼祖禰則長子不必五世者鄭前有馬融之等解爲長子五世鄭以義推之已身繼祖與禰通已三世即得爲長子斬長子唯四世不待五世也此微破先師馬融之義也以融是先師故不正言而云不必而已也若然雖承重不得三年有四種一則正體不得傳重謂適子有廢疾不堪主宗廟也二則傳重非正體庶孫爲後是也三則體而不正立庶子爲後是也四則正而不體立適孫爲後是也案喪服小記云適婦不爲舅後者則姑爲之小功鄭注云謂夫有廢疾他故若死而無子不受重者婦既小功不大功則夫死亦不三年期可知也

適庶

大夫雖尊不降其適

大夫之子於昆弟大功獨爲適服期

大夫之適子得行大夫禮故父子俱降庶又自相降也

大夫之庶子爲適昆弟兩言之者適子或爲兄或爲弟疏大夫至昆弟。注兩言至爲弟。釋曰此大夫之妾子故言庶若適妻所生第二已下當直云昆弟不言庶也云兩言之者以其適妻所生適子或長於妾子或小於妾子故云兩言之適子或爲兄或爲弟是以經昆弟並言之傳曰何以期也父之所不降子亦不敢降也大夫雖尊不敢降其適重之也適子爲庶昆弟庶昆弟相爲亦如大夫爲之疏傳曰至降也。釋曰云父之所不降者即斬章父爲長子是也云子亦不敢降者於此服期是也發何以傳者欲見弟相爲皆大功獨爲適服期故發問比例之傳也。注大夫至爲之。釋曰云大夫雖尊不敢降其適重之也者釋傳父之所不降云適子爲庶昆弟已下鄭廣明大夫與適子所降者以大夫適子得行大夫禮故父子俱降庶庶又自相降也如大夫爲之皆大功也

適庶

爲衆子衆子者長子之弟及妾子女子子在室亦如之士謂之衆子未能遠別也大夫則謂之庶子降之爲大功天子國君不服之內則曰冢子未食而見必執其右手適子庶子巳食而見必循其首

疏爲衆子。注衆子至其首。釋曰衆子卑於昆弟故次之注兼云女子之義如上姑姊妹但上注鄭云在室此不云在室可知故略不言也昆弟衆子及下昆弟之子者皆不發傳者以其同是一體故無異聞姊妹女子子在室不見者亦如上姑不見雷氏云欲見出當及時又大功章見姑姊妹女子子嫁大功明此在室可知故略之也云士謂之衆子未能遠別也者經不云士鄭云士者喪服平文是士故言士可知也云大夫則謂之庶子降之爲大功者下文大夫之子皆云庶子降一等故大功云天子國君不服之者以其絕旁親故知不服若然經所云唯據士也引內則者案彼云子生三月之末釋曰翦髮爲鬌以見於父若冢子生則見於正寢其日夫妻共食具視朔食天子則大牢諸侯則少牢大夫特牲士特豚冢子未食而見必執其右手咳而名之執右明授之室事退入夫之燕寢乃食下云其非冢子皆降一等云適子庶子巳食而見必循其首者不授室事故也而鄭注未食巳食急正緩庶之義言冢子猶言長子通於下也彼言適子謂適妻所生第二巳下庶子謂妾子也引之者證言庶子是別於適長者也

夫婦（附妾）

為妻期｜禮稱與母同

適子父在為妻不杖｜啓

妻傳曰為妻何以期也妻至親也適子父在則為妻不杖以父為之主也服問曰君所主夫人妻大子適婦父在子為妻以杖即位謂庶子疏妻傳曰至親也。釋曰妻卑於母故次之夫為妻年月禫杖亦與母同故同章也以其出嫁天夫為夫斬故夫為之亦與父在為母同傳曰何以期也者傳意以妻擬母母是血屬得期恐妻義合亦期故發此之傳也此問異於常例上問母直云何以期今云為妻乃云何以期者雷氏云妻卑以擬同於母故問深於常也云妻至親也者以妻至親故同於母言妻至親者妻既移天齊體與己同奉宗廟為萬世之主故云至親也。注適子至庶子。釋曰云適子父在則為妻不杖以父為之主也者不杖章之文也又引服問者鄭彼注云言妻見大夫已下亦為此三人為喪主也若士卑為此三人為喪主可知若然至此經為妻非直是庶子為妻欲見兼有適子父沒為妻在其中云父在子為妻以杖即位謂庶子者案喪服小記云父在子為妻以杖即位可是也引之者證經云是天子以下至士庶人父皆不為庶子之妻為喪主故夫皆為妻杖得伸也

喪服杖期 卅

適庶（續）

孤子當室冠衣不純采　令庶子乎？

三十而有孤

孤子當室冠衣不純采。早喪親雖除喪不忘哀也謂年未三十者三十壯有室有代親之端不爲孤也當室適子也深衣曰孤子衣純以素。早喪息浪反適下歷反

疏　孤子至純采。正義曰上言有親而不素此言無親而素者也孤子謂二十九以下而無父者當室謂適子也既少孤故雖除服猶自素也然深衣云孤子衣純以素則嫡庶悉然今云當室則似庶子不同所以顯者通者有二云凡子皆然豈唯當室但嫡子內理蒸嘗外交宗族代親既備嫌或不同故特明之所以鄭引深衣爲注會證凡孤子悉同也崔靈恩云指謂當室不當室則純采所以然者當室之孤內理蒸嘗外交宗族所履之事莫不傷心故特純素示哀也深衣不云當室者文略耳。注早喪至以素。正義曰三十以外遭喪者除服後即得純采今所言雖是除喪未三十不得純采若至三十則亦采也故云當室適子也深衣曰孤子衣純以素也然注前解適子後引深衣似崔解也深衣不言冠者從可知也

○幼子常視毋誑。視今之示字小未有所知常示以正物以正教之無誑欺。視音示誑本或作迋注同九況反欺也

曲禮上

適庶

固請立庶兄

有大叔帶之難○宋公疾大子茲父固請曰目夷長且仁君其立之茲父襄公也目夷茲父庶兄子魚也○父音甫長丁丈反公命子魚子魚辭曰能以國讓仁孰大焉臣不及也且又不順立庶不順禮遂走而退

經九年春王三月丁丑宋公御說卒四同盟○御魚呂反說音悅疏注四同盟○正義曰御說以莊十三年即位十六年盟于幽十九年于鄄二十七年于幽僖元年于

道底

日欲令自此以下依次推之易驗耳戊辰劉子摯卒二十二日無子單子立劉蚠蚠事單子故五月庚辰見王見王猛○見賢遍反注同遂攻賓起殺之黨子朝故盟羣王子于單氏王子猛次正故單劉立之懼諸王子或黨子朝故盟之疏注王子猛次正○正義曰猛朝俱是王子單劉必欲立猛明猛是次正當立故也公羊多有次正之語杜取爲說猛爲次正不知其本蓋是大子壽之母弟或是穆后姪娣之子或母貴也

通考

庶婦則使人醮之

適婦酌以醴尊

庶婦酌以酒

庶婦不饋

庶婦則使人醮之婦不饋庶婦庶子之婦也使人醮之不饗也酒不酬酢曰醮亦有脯醢適婦酌之以醴尊之庶婦酌之以酒卑之其儀則同不饋者共養統於適也疏庶婦至不饋○注庶婦至適也○釋曰不饗者以適婦不醮而有饗今使人醮之以醮替饗故使人醮之不饗也云酒不酬酢曰醮者亦如庶子醮然知亦有脯醢者以其饗婦及醮子皆有脯醢故知亦有脯醢也云其儀則同者適婦用醴於客位東面拜受醴贊者北面拜送今庶婦雖於房外之西亦東面拜受醮者亦北面拜送故云其儀則同也云不饋者共養統於適也者謂不盥饋特豚以其共養統于適婦也

士昏禮 疏禮六

83

適庶（以妻）

儀禮疏卷第三十二

唐朝散大夫行大學博士弘文館學士臣賈公彥等撰

適婦適婦適子之妻疏○注適婦適子之妻○釋曰疏於孫文次之其婦從夫而服其舅姑期其舅姑從子而服其婦大功降一等者也傳曰何以大功也不降其適也婦言適者從夫名疏○釋曰此傳問者以其適庶之子其妻等是婦而爲庶婦小功特爲適婦服大功故發問也荅不降其適故也若然父母爲適長三年今爲適婦不降一等服期者長子本爲正體於上故加至三年婦直是適子之妻無正體之義故直加於庶婦一等大功而已

為庶婦小功

適婦大功

傳

因初不立長

太　王季

文王立武王

繼嗣

漢成帝議繼嗣孔光援殷之及王主立中山王　漢書本傳

凡鍵器入者謂之牡受者謂之牝若

禽獸牝牡然

月令脩鍵閉注鍵牡閉牝也疏

婚姻

十二歲得相与婚姻

得書羌俗

戴天頭

青海羌人 婚姻多雜而自由 女年十六七為嫁

髻俗語々戴天頭 得人皆可同寢也

黎婚姻不避同姓

瓊州府志

黄雅婚姻一妻多夫之俗

中國民族史引頁134

中國民族史頁126

婚姻

因繁殖人口而多妻

聖雄事略：其俗一夫至數十妻或百餘妻……

成吉思汗只要其種實子孫繁衍不計

呂思勉錄

子	夫	女
2		1
1		2
	2	
	1	

賣制

原伎

為金錢獻身初宗教以為錢亦有神殿

後由其代表

財產買賣發生女子職業賣淫起

婚制

以姜爲近

蘭長經侶曰共居之女僅在半時　古今我川禮時並後其

舊見家國私
產起源（七二頁）

女子而脫共居者須・婚曰贖罪　見七七頁　男子
喜多婚則不然　而一切人皆

限代數初年之然後畢生一度　見七三
七四頁

結婚時家先於婿　見七
五頁　又曰初夜權　同
上

漁業亦尊女子

其間亦有勞役婚養子婚　商業興亦多買賣婚

見家族論190 191頁

婚制

女系氏族婚姻

夫妻不居母家　结婚不同居　取访问形式男子在女子家中过夜　家族论　一六六页

奪婚

服務婚

一男人要娶女人當去之故賠償其氏族損失　其時貨物希少且無足重

抬高財損之需即延長服役時間且時可至無限

族制

复重集团婚 四重 八重

婚姻集团防止上辈亲属与下辈亲属结合 复重集团婚一与二 二与四同名 四重八重对同部落联合近乎

西C起 家族论 百十八页

婚姻

為家族保持血統純粹之見解今已不存
古無稱身今日之文多野合　古妻子即財
產今最財之歸亦出經濟價值　繁衍
子孫之諸亦衰　古以重不須訓練一成熟即
可作工成年後仍為父母操力　財產盡力　至
財結婚時或已積財之未或買於他然性則可為而
職業亦不限于內體時本財同趣此時移之或更佳

方剛

多妻之始

群居猿猴最強猛雄猿成領袖由爭鬪得之長乎

者之

強肋比勝 雌猿不敢與他雄猿親密 雄猿視之爲所

殺害

集群大而外患大中無強此其一

家制

離婚之遺迹

男得據理由違法剝奪該夫使用女人權利 五二頁 家族論 新指

獻于一切男子乃由一人所專有 或以價買 爲代表 妻澤婦學

敬 寡義夫陸 五十五頁 節實時許離婚和與其情感動結合

今雅歡節 董遺做

書劄

妻啓

「凡在宗教或法律禁止或懲罰了年齡相等之女子，則自由性交之地，娼妓即常見」　家族論　五八頁

錄葉觀山

娼賣淫除獲得報仍有其生物學上之原因

婚制

雜交與益遺傳

自體分裂生殖動物親子極相似　兩性則否

機體愈可發愈子去不同環境中生存

性選擇以動可以得同樣結果　長頸者和所生子嗣較蕃多也

文化　故動物中文化異最大之人類後世最甚也　家族論六九　七十頁

賢剎

人性複雜 卻當

假使人性都發達，古時將可極小集團且可以為社會團結

此為可以生存

以都有性格不同，似原指集體不同了之各種內部繁殖而滅

弱

女

昭儀之號以漢元帝以寵傅馮婕妤而立 見漢外戚傳(九七下8上)

婦趙女也雅善鼓瑟 漢楊惲傳(六六8上)

漢才女曹大姑外有皇甫規妻 見列女傳(84上) 和熹鄧皇后紀見文 順帝竇貴人年十二能屬文見竇融傳(二三9上) 融玄孫章女

崔駰母師氏見崔駰傳(八二上) 崔寔母劉氏見同上(八二8下)

吳媛見三國魏志后妃傳(五4上) 邴原傳(十一8上) 鄧哀王沖傳(二0上)

歠主人主婦室老爲其病也君命食之也尊者奪人易也歠歠粥也○歠徐昌悅反一音常悅反爲其于僞反下注爲父母爲有凶爲人甚同食音嗣易以豉反粥之六反後同

疏歠主至之也○正義曰此一節論尊者奪孝子情之法歠者親喪三日之後歠粥之時主人亡者之子主婦亡者之妻室老家之長相此三者並是大夫之家貴者爲其歠粥病困之故君必有命食蔬飯也若非三者雖復歠粥致疾病君不命食之以其賤故也其士之主人主婦君不命也喪大記主婦食疏食謂既殯之後此主婦歠者謂未殯前故問喪云鄰里爲之糜粥以飲食之

君之所為兄弟妻室老降一等

大夫

室老似近臣

君之所為兄弟服室老降一等公士大夫之君疏○注公士至之君○釋曰天子諸侯絕碁今言為兄弟服明是公士大夫之君於旁親降一等者室老家相降一等不言士士邑宰遠臣不從服若然室老似近君近臣故從君所服也夫之所為兄弟服妻降一等庶子為後者為其外祖父母從母舅無服不為後如邦人疏○釋曰妻從夫服其族親即上經夫之諸祖父母見於緦麻章夫之世叔見於大功章夫之昆弟之子不降娣叔又無服今言從夫降一等記其不見者當是夫之從母之類乎云庶子為後者為其外祖父母從母舅無服者以其與尊者為一體旣不得服所出母是以母黨皆不服之不言兄弟而顯尊親之名者雷氏云為父後者服其本族若言兄弟恐本族亦無服故汎著其尊親之號以別於族人也

妻服之似亂禮也

養馬者寺人奄士。難乃旦反女音汝閭魚呂反 且曰崔氏有福止余猶可 恐滅家禍不止其身 遂見慶封慶封曰崔慶一也 言如一家

是何敢然請爲子討之使盧蒲嫳帥甲以攻崔氏崔氏堞其宮而守之 堞短垣使其衆居短垣內以守。請爲子僞反下注嫳爲爲齊莊同堞音牒徐養涉反 疏 崔氏堞其宮。正義曰謂新築女牆而守之

弗克使國人助之遂滅崔氏殺成與彊而盡俘其家其妻縊 妻東郭姜 嫳復命於崔子且御而歸之 嫳爲崔子御 至則無歸矣乃縊 縊入於其宮不見其妻凶 崔明夜辟諸大墓 開先人之冢以藏之。辟婢亦反徐出亦反

辛巳崔明來奔慶封當國 秉政 當國 。楚薳罷如晉涖盟 罷令尹子蕩報荀盈也。罷音

○齊慶封好田而耆酒與慶舍政 舍慶封子慶封當國不自爲政以付舍。

好呼報反者市志反 則以其內實遷于盧蒲嫳氏易內而飲、酒 內實寶物妻妾也移而居嫳家 數日國遷朝焉 就於盧蒲氏朝見封。數所主反見賢遍反 疏 國遷朝焉。正義曰慶封雖與舍政使舍知政事耳封猶有當國之重故國之卿大夫皆遷就嫳家朝焉

襄廿八

穀圭以和難以聘女穀圭亦王使之瑞節穀善也其飾若粟文然難仇讎和之者若春秋宣公及齊侯平莒及郯晉侯使瑕嘉平戎于王其聘女則以納徵焉。難乃旦反注同郯音談瑕音遐本又作瑕亦作假皆同疏注穀圭至徵焉。釋曰難謂兩諸侯相與為怨仇王使人和之則執以往也穀善也故執善圭和之使善也聘女亦是和好之事故亦用善圭也知飾若粟文者以其稱穀若穀粟然也云難仇讎者仇為怨讎為報有怨當報若調人和仇讎之類也云若春秋宣公及齊侯平莒及郯者時莒與郯不和宣公四年左氏云公及齊侯平莒及郯是也云晉侯使瑕嘉者成公元年左氏傳云晉侯使瑕嘉平戎於王是也其聘女則以納徵焉昏禮有六五禮用鴈納徵不用鴈以其有束帛可執媒氏職凡民用緇帛五兩士昏禮用三玄二纁天子加穀圭諸侯加以大璋大夫與士同故知納徵也昏禮言納徵徵成也納此則昏禮成春秋謂之納幣以春秋通異代指幣體以質之言也

琬圭以治德以結好琬圭亦王使之瑞節諸侯有德王命賜之及諸侯使大夫來聘既而為壇會之使大夫執以命事焉大行人職曰時聘以結諸侯之好鄭司農云琬圭無鋒芒故治德以結好。好呼報反注同疏注琬圭至結好。釋曰云亦王使之瑞節亦上文也云諸侯有德王命賜之者解經治德也云及諸侯使大夫來聘既而為壇會之使大夫執以命事焉者解經結好也此即大宗伯時聘無常期一也故引大行人時聘以結諸侯之好以證之若時見曰會諸侯來與之會時聘使大夫來王還使大夫往會焉先鄭云琬圭無鋒芒者對下文琰圭有鋒芒者也

琰圭以易行以除慝琰圭亦王使之瑞節鄭司農云琰圭有鋒芒傷害征伐誅討之象故以易行除慝易惡行令為善者以此圭責讓喻告之也玄謂除慝亦於諸侯使大夫來覜既而使大夫執而命事於壇大行人職曰殷覜以除邦國之慝。易行下孟反注同慝吐得反疏注琰圭至之慝。釋曰玄謂除慝亦於諸侯使大夫來覜既而使大夫執而命事於壇者此即大宗伯云殷覜曰視謂一服朝之職。也故引大行人云殷覜以除邦國之慝為證也但上文治德與此經易行據諸侯自有善行惡行王使人就本國治易之結好與除惡皆諸侯使大夫來聘亦王使大夫為壇命之為異也鄭知使大夫來皆為壇者約君來時會殷國為壇明臣來為壇可知也

（參看典瑞）

穀圭以和難聘女　琬圭以治德結好　琰圭易行除慝

納徵春秋謂之納幣　庶民緇帛五兩　士三玄二纁　天子加穀圭諸侯加大璋

趙飛燕爲皇后后專寵懷忌皇太子多橫夭折玄上書諫曰臣聞王者承天繼宗統極保業延祚莫急胄嗣故易有幹蠱之義詩詠衆多之福（易曰幹父之蠱也云蠱事也毛詩曰螽斯后妃之德也后妃不妬忌則子孫衆多也其詩曰螽斯羽詵詵兮宜爾子孫振振兮）今陛下聖嗣未立天下屬望而不惟社稷之計專念微行之事愛幸用於所惑曲意留於非正竊聞後宮皇子産而不育（前書成帝宮人曹偉能及許美人皆生子趙昭儀皆令殺之）臣聞之怛然痛心傷剝竊懷憂國不忘須臾夫警衛不脩則患生非常忽有醉酒狂夫分爭道路既無尊嚴之儀豈識上下之別此爲胡狄起於轂下而賊亂發於左右也願陛下念天下之至重愛金玉之身均九女之施（九女解見崔琦傳）存無窮之福天下幸甚時數有災異玄輒陳其變既不省納故久稽郎官後遷太常丞以弟服去職平帝元始元年日食又詔公卿舉敦朴直言大鴻臚左咸舉玄詣公車對策復拜議郎遷中散大夫四年選明達政事能班化風俗者八人時並舉玄爲繡衣使者（前書御史大夫領繡衣直指出討姦猾理大獄武帝所制不常置）持節與太僕任惲等分行天下觀覽風俗所至專行誅賞事未及終而王莽居攝玄於是縱（縱舍也）使者車變易姓名間竄歸家（閒私也）因以隱遁後公孫述僭號於蜀連聘不詣述乃遣使者備禮徵之若玄不肯起便賜以毒藥太守乃自齎璽書至玄廬曰君高節已著朝廷垂意誠不宜復辭自招凶禍玄仰天歎曰唐堯大聖許由恥仕周武至德伯夷守餓彼獨何人我亦何人保志全高死亦奚恨遂受毒藥玄子瑛泣血叩頭於太守曰方今國家東有嚴敵兵師四出國用軍資或不常充足願奉家錢千萬以贖父死太守爲請述聽許之玄遂隱藏田野終述之世時兵戈累年莫能脩尚學業玄獨訓諸子勤習經書建武十一年卒明年天下平定玄弟慶以狀詣闕自陳光武美之策詔本郡祠以中牢勅所在還玄家錢時亦有犍爲費貽不肯仕述（劉攽曰案文亦字乃合在不字上）乃漆身爲厲陽狂以避之退藏山藪十餘年述破後仕至合浦太守瑛善說易以授顯宗爲北宮衛士令（漢官儀曰北宮衛士令一人秩六百石）

李業傳

李業字巨游廣漢梓潼人也少有志操介特習魯詩師博士許晃元始中舉明經除爲郎（元始平帝年也）會王莽居攝業以病去官杜門不應州郡之命太守劉咸強召之業乃載病詣門咸怒出教曰賢者不避害譬猶彀弩射市薄命者先死聞業名稱故欲與之爲治而反託疾乎令詣獄養病欲殺之客有說咸曰趙殺鳴犢孔子臨河而逝（史記曰孔子既不得用於衛將西見趙簡子至於河而聞竇鳴犢舜華之死也臨河而歎曰美哉河水洋洋乎丘之不濟命也夫子貢進曰敢問何謂也孔子曰竇鳴犢舜華晉國之賢大夫也趙簡子未得志之時須此兩人而後從政丘聞之也刳胎殺夭則騏驎不至竭澤而漁則蛟龍不合覆巢毀卵則鳳凰不翔何則君子諱傷其類夫鳥獸之於不義也尚知避之而況乎丘哉乃還也）未聞求賢而脅以牢獄者也咸乃出之因舉方正王莽以業爲酒士（王莽時官酤酒故置酒士也）病不之官遂隱藏山谷絕匿名迹終莽之世及公孫述僭號素聞業賢徵之欲以爲博士業固疾不起數年述羞不致之乃使大鴻臚尹融持毒酒奉詔命以劫業若起則受公侯之位不起賜之以藥融譬旨曰方今天下分崩孰知是非而以區區之身試於不測之淵乎

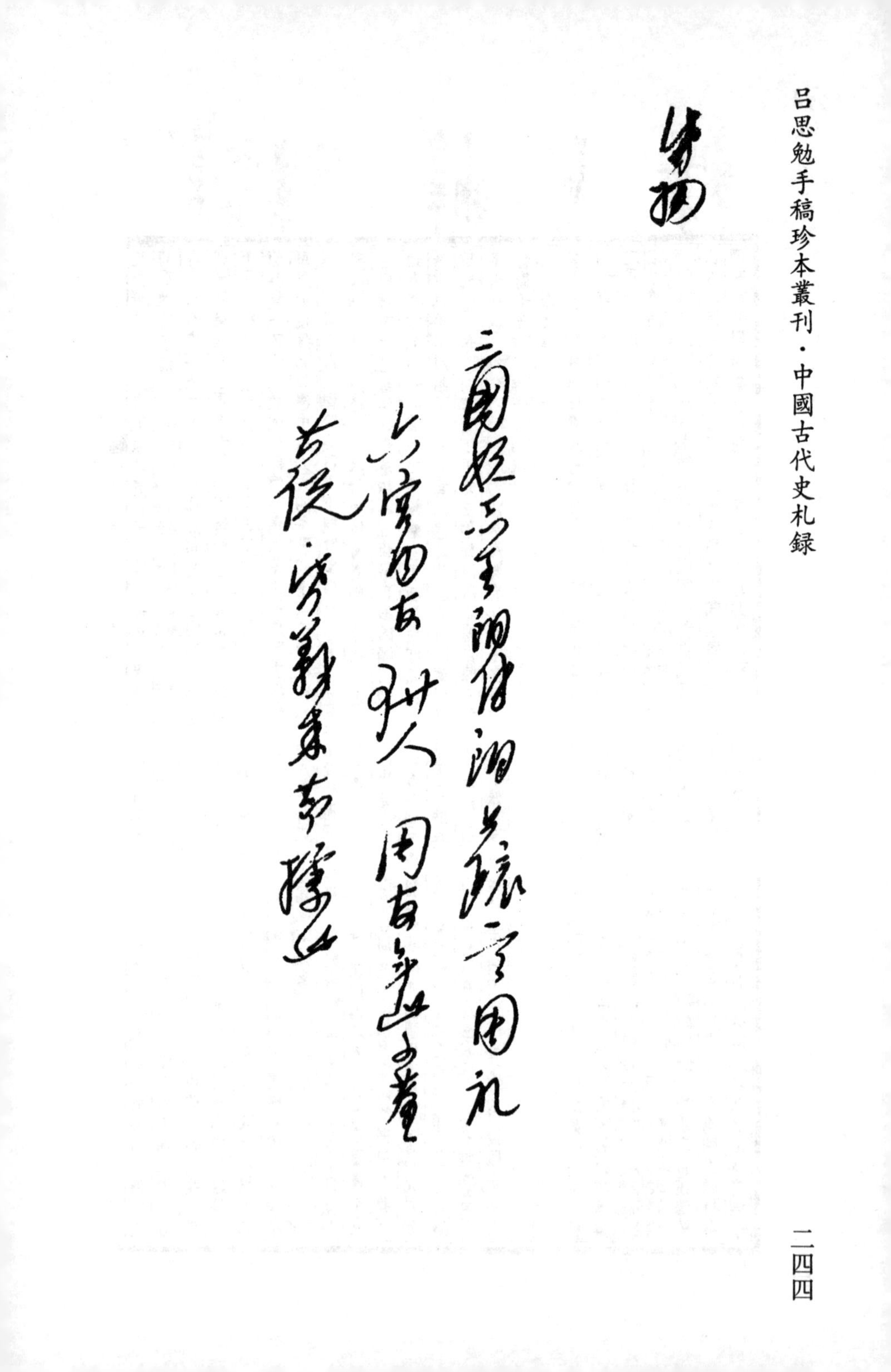

[illegible]

婚姻

獨身主義○社會科學史綱人生之物學頁212 213 214

究擇時男女屬而觀因以觀女人（嫁已類稿云）艱祖嬉社嬉

自稱布囊以芥子言之曰么之母謂囊為定人母帶之母　公羊六

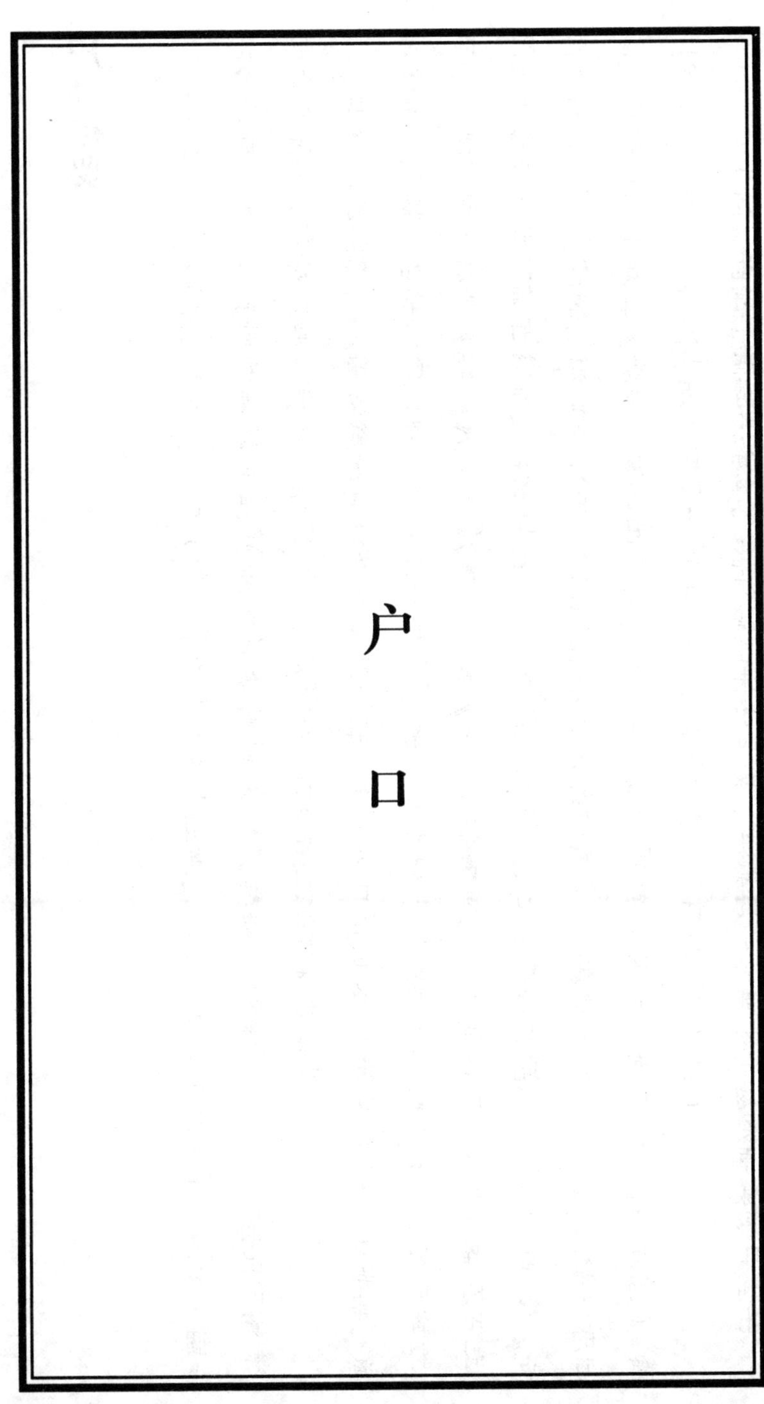

户口

户口提要

「户口」一包札録，内分「户口（札）」和「户口」兩札，其中「户口（札）」内又分三個小札。大都是先生從《商君書》《史記》《漢書》《晉書》《宋書》《魏書》《隋書》等史籍中摘出的資料，也有些是讀《社會科學史綱》《社會的生物基礎》等書籍及報刊雜誌時的筆記。

吕先生的札録，天頭或紙角常會寫有分類名稱，如「人口」「户籍」「漏籍」「丁年」等等，通常也寫有題頭，如第三〇二頁「征役充軍亡叛」，第三一六頁「北朝户籍詐冒」等。抄録的資料，詳略各有不同，其中《晉書》《宋史》《齊書》與《南史》等資料，摘録時已做了文字同異的比對。有些札録也加有簡短的按語，如第二七六頁材料之間有「案：户籍或亦如此。」第二六三頁録《史記》資料，加「勉案：疑言去兵也。《史記》『安知尺籍伍符』」。摘録的資料多注明史籍上的頁碼，如第二五一頁引《漢書·萬石君傳》注見「四六2下」（即《漢書》卷四六第二頁反面）。第三四一頁「營户」注見「百十四2上」（即《資治通鑑》卷一一四第二頁正面）。

户口一包，也有一些剪報資料，此次整理未予收録；札録的手稿部分，均按原樣影印刊出。

户口

人口与地理之关系 社会科学史纲册三页204

未开民族生殖力较文明民族为大。然实推测若干年后不必限制每一对夫妇将自然只生两子 然饥饿动物生殖增加，未开的人亦在饥饿状态中。同上册六 卡尔桑德斯方文的民族之生殖率较之初民族为大

控制人口 性作用与生殖作用分离时人口可控制

人口

人口調節之重要

向在原始的方法上決定　控制與進步結合生育之

即增加可使即減殺

人口

人口過剩非發展原因

及古希臘羅馬共和國帝國治下之意大利 財產集中

最盛時整個有一邑皆人口甚少或年久人滅 北美合

衆國 西部 原土著南洋羣島民衰歇微緩及甚於

人口稠密之實無證明 中國人口甚盛即每年亦數所

參考種論

のの二五人

合

嬰兒死亡率

貧者百分之五〇　富者百分之五

户口

爲流民諸禁重建陳布第石館及待（同上所述）

合

土斷為地著證之文

漢書食貨志「地著為本」補注。周壽昌曰。地著即劉宋時語之土著。孝武帝大明初。公卿博議。有云。土著之人。習翫日久。通考田賦二云。自東晉寓居江左。百姓南奔。並謂之僑人。往往散居。無有土著。蓋當時亦稱土斷。皆地著二字之變文也。

户口

一 四竟之内丈夫女子皆有名於上生者著死者削

商君書竟内篇

户口

大户謂國民户口見右咸二一

吳越春秋句踐伐吳外傳 令壯者無取老妻，老者無取壯婦，女子十七未嫁，其父母有罪，丈夫二十不取，其父母有罪，將免者以告，孤令醫守之，生男二，貺之以壺酒，一犬，生女二，賜以壺酒，一豚，生子三人，孤以乳母，勉帮以与也。生子二人，孤与一養，長子死，三年釋吾政，季子死，三月釋吾政，必哭泣葬埋之，如吾子也，令孤子、寡婦、疾疹、貧病者，納官其子，欲仕，量其居，好其衣，飽其食，而簡銳之。凡四方之士來者，必朝而禮之，載飯与羹，与游國，与游｜与同以

昏

夫婦（續）

媒氏下士二人史二人徒十八人。媒之言謀也謀合異類使和成者今齊人名麴䴷曰媒 媒劉音梅麴起六反䴷魚列反又五結反徐去䥇反 疏 媒氏至十人。釋曰媒氏在此者案名云配偶男女取地道生息故在此也。注媒之至曰媒。釋曰言謀合異類使和成者異類謂別姓三十之男二十之女和合使成婚姻云今齊人名麴䴷曰媒麴䴷和合得成酒醴名之曰媒言此者欲見謀合異姓得名爲媒之意

媒氏掌萬民之判 判半也得耦爲合主合其半成夫婦也喪服傳曰夫妻判合鄭司農云主萬民之判合 疏 注判半至判合。釋曰云得耦爲合主合其半成夫婦也者雖以萬民爲主上至天子皆得耦爲合主於萬民而言但士以上兼妾媵爲異耳引喪服傳者證判爲合義

凡男女自成名以上皆書年月日名焉 鄭司農云成名謂子生三月父名之。上時掌反 疏 凡男至民焉。釋曰此經論媒氏之官合男女必先知男女年歲故萬民之男女自三月父名之以後皆書年月日及名以送與媒氏媒氏官得之以勸男三十女二十配成夫婦也。注成名至名之。釋曰子生三月父名之禮記內則文案內則三月之末父執子右手孩而名之又云夫告宰名宰辯告諸男名書曰某年某月某日某生而藏之注引桓六年九月丁卯子同生是也

令男三十而娶女二十而嫁 二三者天地相承覆之數也易曰參天兩地而奇數焉。奇於宜反本或作倚音同 疏 注二三至數焉。釋曰云二三者天地相承覆之數也者比二十女三十男法天地相承覆之數也云易曰參天兩地而奇數焉者案易繫辭云天一地二天三地四天五地

媒氏

昏時及命年

納幣

不以相成而去之（爲妻）

遷葬——生時非夫婦死既葬遷之使相從

嫁殤——嫁死人

男女陰訟聽之勝國之社

勝國亡國之社

司民中士六人府三人史六人胥三人徒三十人司民主民數○疏注司民主民數○釋曰在此者案其職云掌登萬民之數凡斷獄弊訟必須知民年幾老幼是以司民雖非刑獄連類在此也

司民掌登萬民之數自生齒以上皆書於版辨其國中與其都鄙及其郊野異其男女歲登下其死生登上也男八月女七月而生齒版今戶籍也下猶去也每歲更著生去死○去起呂下同著丁略反疏注登上至去死○釋曰云辨其國中與其都鄙者國中據六鄉在城中者都鄙據三等采地及其郊野者郊謂六鄉之民在四郊者野謂六遂及四等公邑是徧畿內矣云男八月女七月而生齒者家語本命篇疏已具於上

及三年大比以萬民之數詔司寇司寇及孟冬祀司民之日獻其數于王王拜受之登于天府內史司會冢宰貳之以贊王治鄭司農云文昌宮三能屬軒轅角相與為體近文昌為司命次司祿次司民玄謂司民軒轅角也天府主祖廟之藏者贊佐也三官以貳佐王治者當以民多少黜陟主民之吏○能吐才反近附近之近疏及三至王治○釋曰云及孟冬祀司民之日者謂司寇於春官孟冬祭祀司民星之日以與司寇為節此日司寇獻其民數于王云王拜受之登于天府者重此民數民為邦本故也云內史司會冢宰貳之者以其內史掌八柄司會掌天下大計冢宰貳王治事皆掌大事故皆寫一通副貳民數藏之所以贊助王之治也○注鄭司至之吏○釋曰先鄭云文昌宮三能屬軒轅角相與為體近文昌為司命次司中次司祿次司民武陵太守星傳文昌第一曰上將第二曰次將第三曰貴相第四曰司命第五曰司中第六曰司祿不見有司民三台六星兩兩相居起文昌東南列在大微亦無司民之事故後鄭不從云司民軒轅角也者案軒轅星有十七星如龍形有兩角角有大民小民故依之也云黜陟主民之吏者即六鄉六遂大夫公邑大夫采地之主皆是也

人口

小司徒 大比

六鄉四郊之吏

出地貢者三三相任 一井八家相保任

及大比六鄉四郊之吏平教治正政事攷夫屋及其衆寡六畜兵器以待政令四郊之吏吏在四郊之內主民事者夫三爲屋屋三爲井出地貢者三三相任疏及大至政令○釋曰言及大比者亦是三年大校比戸口云六鄉四郊之吏者謂是六鄉之內比長閭胥已上布列在於四郊云平教治者以其三年大比之時大黜陟之禮故斷其教治文書正政事者復須正直其政事公狀考夫屋者考練其三夫爲屋出地貢之時以相保任不得隱誤及其衆寡者謂人民多少六畜兵器者謂民之資生及征伐之器以待政令者以待國家政令所須則供之也○注四郊至相任○釋曰四郊之吏吏在四郊之內主民事者遂郊之外爲六遂內爲六鄉六鄉之民非直在城中亦在四郊故比長閭胥六鄉之吏等布在四郊之吏主民事者也云三夫爲屋屋三爲井者鄉遂之吏既不爲井田而爲溝洫之法今云夫三爲屋屋三爲井者以其溝洫雖爲貢出貢之時亦三三相保任以出穀稅故鄭云出地貢者三三相任也一井之內九夫三夫爲屋是一屋三夫自相保任故云三三相任據一井而言也似一井田之法亦八家助一夫稅入於公相保任以出穀者也

小司徒

以國比之灋以時稽其夫家衆寡辨其老幼貴賤癈疾馬牛之物辨其可任者與其施舍者掌其戒令糾禁聽其獄訟施舍謂應復免不給繇役○復音福

疏以國至獄訟○釋曰云以國比之灋者案小司徒職云九比之數以辨其貴賤老幼癈疾此鄉師以小司徒國比之灋云以時稽其夫家衆寡者謂四時稽考其夫家男女衆寡多少云辨其可任者謂上地家七人可任者家三人之等云與其施舍者鄭云謂應復免不給繇役即上云癈疾老幼者是也○

戶口　吏臣　官　政　軍　宮

一　宮之士庶子（王宮諸吏之適庶子）

注：鄉戶籍謂之戶版

衛王宮者之次舍必居四角四中

邦有大事作宮衆

[illegible]

宮伯掌王宮之士庶子凡在版者鄭司農云庶子宿衛之官版名籍也以版爲之今時鄉戶籍謂之戶版玄謂王宮之士謂王宮中諸吏之適子也庶子其支庶也○適音丁歷反疏宮伯至版者○釋曰宮伯掌王宮中卿大夫之適子庶子士之適子也凡在版者子弟皆有名籍以擬校比也○注鄭司至庶也○釋曰鄭司農云庶子宿衛之官謂若夏官諸子職後鄭不從者彼諸子是下大夫此宮伯中士不合掌之故不從也玄謂王宮之士謂宮中諸吏之適子也者吏謂卿大夫士之總號云庶子其支庶也者以其宮正掌宮中官府宮伯掌其子弟故也案大司馬云王弔勞其士庶子文與此同鄭彼注云弔其死者勞其傷者庶子卿大夫之子從軍者彼士爲卿大夫士庶子爲卿大夫之子則兼適庶與此不同者彼更無弔勞卿大夫士身故上爲卿大夫庶子中兼適庶是鄭望文以爲義故注與此不同也掌其政令行其秩敘作其徒役之事秩祿稟也敘才等也作徒役之事大子所用疏掌其至之事○釋曰宮伯既掌士庶子所以有政令盡掌之也行其秩敘者秩謂依班秩受祿敘者才藝高下爲次第以作其徒役者士庶子屬大子隨其所用使役之也授八次八舍之職事衛王宮者必居四角四中於徼候便也鄭司農云庶子衛王宮在內爲次在外爲舍玄謂次其宿衛所在舍其休沐之處○徼古弔反便婢面反疏注衛王至之處釋曰言衛王宮者必居四角四中者以其言八似若八方爲四方四維然以四角四中解之必於八所以爲次舍者相徼察來往候望皆便故次舍皆八也司農云庶子衛王宮在內爲次在外爲舍者庶子義上已破訖先鄭意內次外舍有所隔絶故后鄭不從也玄謂次其宿衛所在者謂宿衛之處稍在前爲之館也舍者若掌舍之舍亦舍息休止之處故鄭爲休沐之處也若邦有大事作宮衆則令之謂王宮之士庶子於邦有

大事戒選當行疏若邦至令之○釋曰事亦謂寇戎之事作起也謂起宮中之衆使士庶子行則宮伯戒令之月終則均秩歲終則均敘以時頒其衣裘掌其誅賞頒讀爲班班布也衣裘若今賦冬夏衣○頒音班疏月終至誅賞○釋曰月終則均其秩秩稍稟則與宮正均稍食亦一也歲終則均敘與宮正則異彼宮中官府故會其行事此其子弟故均其敘敘即上注才等也以時頒其衣裘夏時班衣冬時班裘掌其誅賞者士庶子有功則賞之有罪即誅之也○注若今賦冬夏衣○釋曰賦班也班之與賦皆賜授之義

内宰掌書版圖之灋以治王内之政令均其稍食分其人民以居之版謂宮中閽寺之屬及其子弟録籍也圖王及后世子之宮中吏官府之形象也政令謂施閽寺者稍食吏禄稟也人民吏子弟分之使衆者就寡均宿衛疏注版謂至宿衛○釋曰内宰既職當内事與大宰主外事相似故知版之所書者謂宮中閽寺之屬并宮中官之子弟皆屬内宰書之於版焉既主内事故知所圖者不出王及后世子之宮中吏官府之形象也又知政令謂施閽寺者以其閽人主中門之禁寺人掌王之内人之戒令内宰爲之長故知政令者施之於閽人寺人也不言内小臣及内豎者蓋亦施之也云稍食吏禄稟也者吏即閽寺弟子宿衛后宮者宮正所均謂宿衛王宮者以米稟爲禄之月俸均之者當知見在空闕也云人民吏子弟者以其所均稍食是吏之子弟明所分宿衛還是吏之子弟也

宮中之版圖

宮中之人民謂吏子弟

[illegible]户口

吕翁

史记货殖列传 西汉初二三百年七篇

吕翁历史之古代其民人方极之落

书付阅之，之非但如此

即奈精之事为也 安记为即兄稿

但去请

仁人

者數歲，速者數月，是上不暇聽治，士不暇治其官府，農夫不暇稼穡，婦人不暇紡績織絍，畢云說文云紡網絲也績緝也織作布帛之總名也絍機縷也紝或字則是國家失卒而百姓易務也。然而又與其車馬之罷弊也，幔幕帷蓋，說文巾部云幔幕也廣雅釋器云幔帳也幕帷詳中篇三軍之用，甲兵之備，五分而得其一，則猶為序疏矣。序疏二字義不可通疑當為厚餘皆形之誤厚餘言多餘也孫子作戰篇國之貧於師者力屈財殫中原內虛於家百姓之費十去其七公家之費破車罷馬甲冑矢弓戟楯矛櫓丘牛大車十去其六此說與彼畧同然而又與其散亡道路，道路遼遠，疑衍道路二字說文辵部云遼遠也糧食不繼傺，食飲之時，畢云王逸注楚辭云傺住也楚人名住曰傺王云傺字與上下文義不相屬未詳之時當為不時食飲不時與糧食不繼對文俞云傺即際字張遷碑隷正之際是也昭四年左傳爾未際孟子萬章篇敢問交際何心也杜預趙岐注並曰際接也疑墨子原文本作糧食不際不際即不接也與中篇所云糧食輟絕而不繼文異義同後人不達傺字之義據中篇改為不繼寫者兩存之遂作不繼傺耳案王俞說近是而廁役以此飢寒凍餒疾病而轉死溝壑中者，王云廁役二字義無所取當為廝役之誤宣十二年公羊傳廝役扈養死者數百人是其證不可勝計也。此其為不利於人也，天下之害厚矣。而王公大人樂而行之，則此樂賊滅天下之萬民也，豈不悖哉！今天下好戰之國齊晉楚越，若使此四國者得意於天下，此皆十倍其國之衆而未能食其地也，食謂治田以耕者周禮遂師云經牧其田野辨其可食者言四國荒土多民不能盡耕之也是人不足而地有餘也。今又以爭地之故，而反相賊也，然則是虧不足而重有餘也。重舊本譌動道藏本作重與中篇合今據正

34　非攻下

户数比

古人根本民之政 建郡之邑计户之利

周於大聚

人口

周書世俘述武王征四方，凡憝國九十有九，馘磿億
有十萬七千七百七十有九，俘人三億萬有二百三十，
凡服國六百五十有二。

愚案：人小國不必盡爲附人口數。

户口

一 外人之来从而未有田宅者几何家 国子弟之游于外者几何人

一 外人来游在大夫之家者几何人

管子问篇

救民

右閔二衛之遺民男女七百有三十人益之以共滕之民為五千人立戴公以廬於曹

人口

一 且父母之於子也產男則相賀產女則殺之

韓非六反篇

户也

由雜交故傳者斷趨於中

傳生非特傳于昔之傳者乃遂使傳者多

者將絶耳反甚趨于中而已矣

X光術絕育

其術過烈則傷之不足之種子受傷而不死不特絕育反生劣種尤不可也

馬爾薩斯人口論 Malthus 著

社会

猺人之人爲洮汰

卅四年三月十九日時事新報香港通訊

廣西象縣修仁平南間猺山　猺人生

子女僅爲三人或二男一女或一男二女多

則以不能死因田地不足分配也

戶口

「萍鄉圖甲編「籍」劃甚善

甲於天下」

勸臺讀書記卷六 萍鄉縣志條

會稽顧家

相勸堂校

户口

黄白籍

僑户土断 白籍 土著齊户黄籍

户口

令從官給事宮司馬中者得爲大父母父母兄弟通籍應劭曰從官謂宦者及虎賁羽林太醫太官是也司馬中者宮內門也司馬主武兵禁之意也籍者爲二尺竹牒記其年紀名字物色縣之宮門案省相應乃得入也師古曰應說非也從官親近天子常侍從者皆是也故此下云秭第郎從官司馬門者宮之外門也衛尉有八屯衛候司馬主衛士徼巡宿衛每面各二司馬故謂宮之外門爲司馬門 冬十二月丁未御史大夫貢禹卒衛司馬谷吉使匈奴不還師古曰即衛尉八屯之衛司馬

師古曰樊及亢父東平之二縣也亢音抗父音甫 秋罷太子博望苑文穎曰武帝爲衛太子作此苑令受賓客也 以賜宗室朝請者師古曰請音才性反 減乘輿廄馬

三年春三月赦天下徒賜孝弟力田爵二級諸逋租賦所振貸勿收秋關內大水七月虒上小女陳持弓聞大水至走入橫城門闌入尚方掖門服虔曰虒音斯應劭曰虒上地名在渭水邊陳姓也持弓名也師古曰無符籍妄入宮曰闌掖門者正門之傍小門也如淳曰橫音光三輔黃圖北面西頭第一門師古曰掖門在兩傍言如人臂掖也 至未央宮

户口

歷代户口數

帝王世紀曰自天地設闢未有經界之制三皇尚矣諸子稱神農之王天下也地東西九十萬里南北八十五萬里及黃帝受命始作舟車以濟不通乃推分星次以定律度自斗十一度至婺女七度一名須女曰星紀之次於辰在丑為黃鐘斗建在子今吳越分野自婺女八度至危十六度曰玄枵之次一名天黿於辰在子謂之困敦於律為大呂斗建在丑今齊分野自危十七度至奎四度曰豕韋之次一名娵訾於辰在亥謂之大淵獻於律為太蔟斗建在寅今衛分野自奎五度至胃六度曰降婁之次於辰在戌謂之閹茂於律為夾鐘斗建在卯今魯分野自胃七度至畢十一度曰大梁之次於辰在酉謂之作噩於律為姑洗斗建在辰今趙分野自畢十二度至東井十五度曰實沈之次於辰在申謂之涒灘於律為中呂斗建在巳今晉魏分野自井十六度至柳八度曰鶉首之次於辰在未謂之叶洽於律為蕤賓斗建在午今秦分野自柳九度至張十七度曰鶉火之次於辰在午謂之敦牂一名大律於律為林鐘斗建在未今周分野自張十八度至軫十一度曰鶉尾之次於辰在巳謂之大荒落於律為夷則斗建在申今楚分野自軫十二度至氐四度曰壽星之次於辰在辰謂之執徐於律為南呂斗建在酉今韓分野自氐五度至尾九度曰大火之次於辰在卯謂之單閼於律為無射斗建在戌今宋分野自尾十度至斗十七度百三十五分而終曰析木之次於辰在寅謂之攝提格於律為應鐘斗建在亥今燕分野凡天有十二次日月之所躔也地有十二分王侯之所國也故四方方七宿四七二十八宿合一百八十二星東方蒼龍三十二星七十五度北方玄武三十五星九十八度四分度之一西方白虎五十一星八十度南方朱雀六十四星百一十二度周天三百六十五度四分度之一千九百三十二里分為十二次一次三十度三十二分度之十四各以附其七宿間距周天積百七萬九百一十三里徑三十五萬六千九百七十一里陽道左行故太歲右轉凡中外官常明者百二十四可名者三百二十七合二千五百星微星之數凡萬一千五百二十星萬物所受咸系命焉此黃帝創制之大略也而諸說稱日月所照三十五萬里考諸子所載神農之地過日月之表近為虛誕及少昊氏之衰九黎亂德其制無聞矣洎顓頊之所建帝嚳受之定則孔子稱其地北至幽陵南暨交阯西蹈流沙東極蟠木日月所照莫不底屬是以建萬國而制九州至堯遭洪水分為十二州今虞書是也及禹平水土還為九州今禹貢是也是以其時九州之地凡二千四百三十萬八千二十四頃定墾者九百三十萬六千二十四頃不墾者千五百萬二千頃民口千三百五十五萬三千九百二十三人至于塗山之會諸侯承唐虞之盛執玉帛亦有萬國是以山海經稱禹使大章步自東極至于西極二億三萬三千五百里七十一步又使豎亥步南極北盡於北垂二億三萬三千五百里七十五步四海之內則東西二萬八千里南北二萬六千里出水者八千里受水者八千里名山五千三百五十經六萬四千五十六里出銅之山四百六十七出鐵之山三千六百九以供財用餘則有餘不足則不足以男女耕織不奪其時故公家有三十年之積私家有九年之儲及夏之衰棄稷弗務有窮之亂少康中興乃復禹跡孔甲之至桀行暴諸侯相兼逮湯受命其能存者三千餘國方於塗山十損其七民離毒政將亦如之殷因於夏六百餘載其間損益書策不存無以考之又遭紂亂至周克商制五等之封凡千七百七十三國又減湯時千三百矣民衆之損將亦如之及周公相成王致治刑錯民口千三百七十一萬四千九百二十三人周之極盛也其後七十餘歲天下無事民彌以息及昭王南征不反穆王失荒加以幽厲之亂平王東遷三十餘載至齊桓公二年周莊王之十三年五千里內非天王九嬪之御自世子公侯以下至於庶民凡千一百八十四萬七千人定受田者九百萬四千八其後諸侯相并當春秋時尚有千二百國二百四十二年之中殺君三十六亡國五十二諸侯奔走不得保其社稷者不可勝數于戰國存者十餘於是縱橫短長之說相奪於時殘民詐力之兵動以萬計故韓有孤子之急晉陽之圍懸釜而炊長平之戰血流漂鹵周之列國唯有燕衛秦楚而已齊及三晉皆以暴亂南面稱王衛雖得存不絕若綫然考蘇張之說計秦及山東六國戎卒尚存五百餘萬推民口數尚當千餘萬及秦兼諸侯置三十六郡其所傷三分居二殆無以餘力行參夷之刑收太半之賦北築長城四十餘萬南戍五嶺五十餘萬阿房驪山七十餘萬十餘年間百姓死沒相踵於路陳項又肆其餘烈新安之坑二十餘萬彭城之戰睢水不流至漢高帝定天下民之死傷亦數百萬是以平城之卒不過三十萬方之六國五損其二自孝惠至文景與民休息六十餘歲民衆大增是以太倉有不食之粟都內有朽

之後武帝承其資蓄恢征三十餘歲地廣萬里天下之衆亦減半矣及霍光秉政乃務省役至于孝平六世相承雖時征行不足大害民戶又息元始二年郡國百三縣邑千四百八十七地東西九千三百二里南北萬三千三百六十八里定墾田八百二十七萬五百三十六頃民戶千三百二十三萬三千六百一十二口五千九百一十九萬四千九百七十八人多周成王四千五百四十八萬五十八人漢之極盛也及王莽篡位續以更始赤眉之亂至光武中興百姓虛耗十有二存中元二年民戶四百二十七萬千六百三十四口二千一百萬七千八百二十人永平建初之際天下無事務在養民迄于孝和民戶滋殖及孝安永初元初之間兵饑之苦民人復損至于孝桓頗增於前永壽二年二千六百七萬九百六口五千六萬六千八百五十六人墾田亦多單師屢征及靈帝遭黃巾獻帝即位而董卓興亂大焚宮廟劫御西遷京師蕭條豪桀並爭郭汜李傕之屬殘害又甚是以興平建安之際海內凶荒天子奔流白骨盈野故陝津之難以箕撮指安邑之東后裳不完遂有寇戎雄雌未定割剝庶民三十餘年及魏武皇帝尅平天下文帝受禪人衆之損萬有一存景元四年與蜀通計民戶九十四萬三千四百二十三口五百三十七萬二千八百九十一人又案正始五年揚威將軍朱照日所上吳之所領兵戶九十三萬二千推其民數不能多蜀矣昔漢永和五年南陽戶五十餘萬汝南戶四十餘萬方之於今三帝鼎足不踰二郡加有食祿復除之民凶年饑疾之難見可供役纔若一郡以一郡之人供三帝之用斯亦勤矣自禹至今二千餘載六代損益備於茲焉臣昭案此記云春秋時有千二百國未知所出班固云周之始爵五而土三蓋千八百國轉相吞滅數百年間列國耗盡至春秋時尚有數十

案前書地理志言周時口千三百七十一萬四千九百三十三人亦係謬記

旨

山西闕女

喬照統計男女比例爲一二八與一〇〇見廿六

年十月七日大公報請看今日之山西續篇

揆

馬乍薩邨人呂誠之中國如

以年十七〇二

一

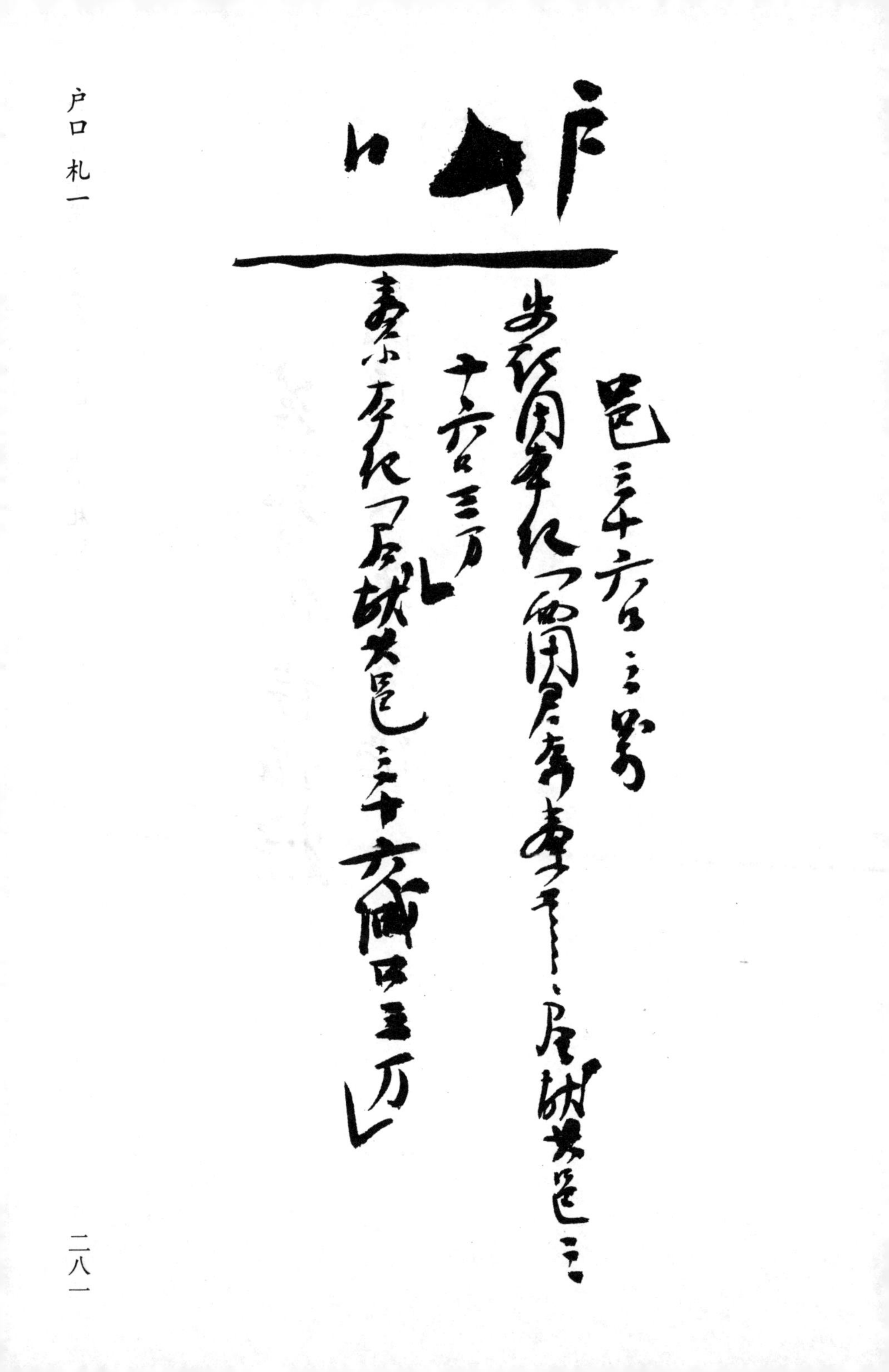

户口

邑三千六百三十四户

[illegible]居城大邑三

十六百三万

[illegible]城大邑三千六[illegible]五万

诂训

益智糉误作粽

段注说文米部糂

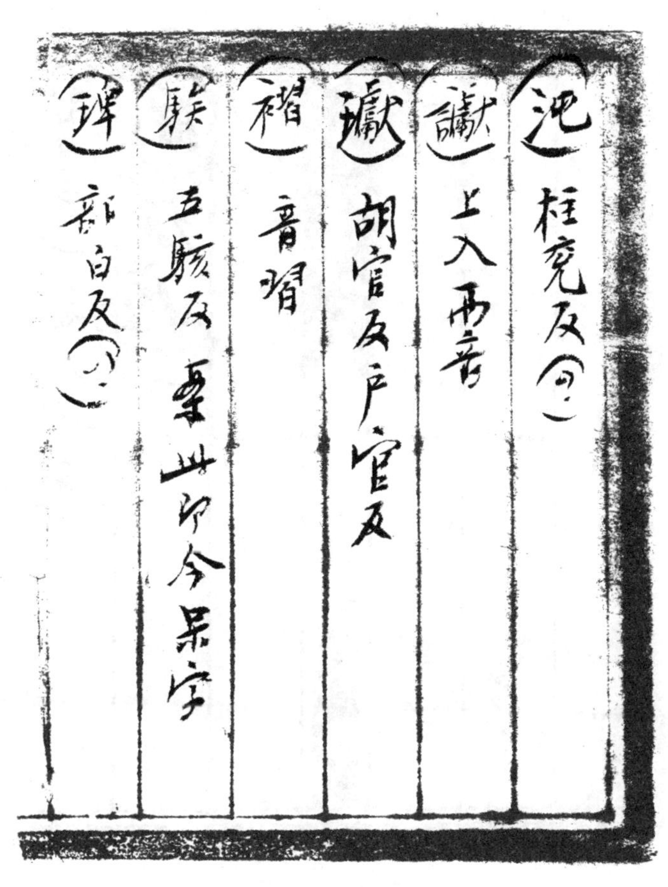

（賀若）若人者反
（闞）視應反

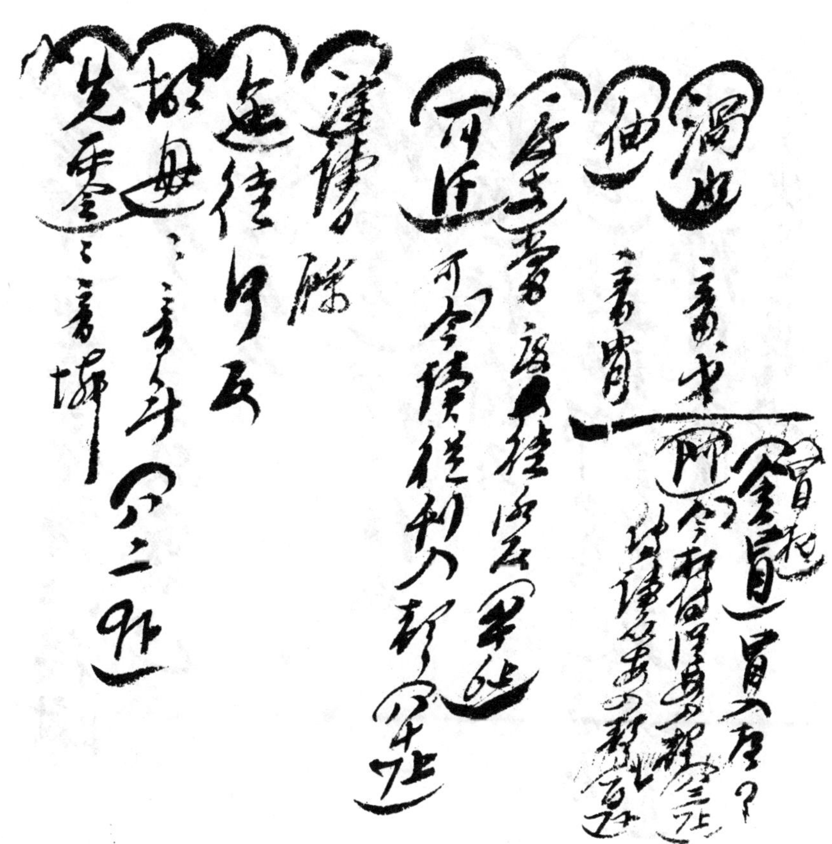

（峇岈）吳寧傳此從瞰
八部谷亦類（下平上）

（鋑）呼灰反

（蠮螉塞）蠮一結反

（犢騀）犢火幻反

（含支）上音郝（入上）呼各反
下音祇其知其支二反（並上）

（雝）與雍同音（平）

（太子洗馬）洗息薦反

（赤祖）地名者什邡什亦祖子邪反（页三五）

（塾江）塾音疊（页五九）

按据旧释之一也

（朴楚）朴国音朴音浮（页九四）

（斡事）斡读曰罨字字（页105）

（鄂）音绾

（泺）音焰

（沈）村宽反

居

偏籍。晉書宣帝紀魏太和元年，時邊郡新附，多無戶名，魏朝欲加隱實，屬帝朝於京師，天子訪之於帝，帝對曰：賊以密網束下，故下棄之，宜弘以大綱，則自然安樂（一 3上）。庾冰傳……入爲中書監揚州刺史都督揚豫三州軍事……又隱實戶口，料出無名萬餘人，以充軍實（七三 6上）。梁書鄧元起傳元起在道久，軍糧又絕，或說曰：蜀土政慢，民多詐疾，若檢巴西一郡籍注，因而罰之，所獲必厚，元起然之。涪令李膺諫……（十 6上）。陳書文學褚玠傳……除……山陰令，縣民張次的、王休達等與諸猾吏賄賂通姦，全丁大戶，類多隱沒，玠乃鎖次的等，具狀啟臺，高宗手勅慰勞，并遣使助玠搜括，所出軍民八百餘戶。案言軍民，則二者異。

籍(卅四上) 隋書食貨志晉自中原喪亂元帝寓居江左[illegible]無貫之人不樂州縣編戶者謂之浮浪人……(卅四上)

隱匿口 晉書食貨志咸和五年六月癸巳勅戒郡國計吏……豪强不得侵役寡弱私相置名(卅六上) 晉書山遐傳遐為餘姚令时江左初基法禁寬弛豪族多挾藏戶口以為私附遐繩以峻法到縣八旬出口萬餘縣人虞喜以藏戶當棄市遐欲繩喜諸豪強莫不切齒於遐言於執事以喜有高節不宜屈辱又以遐輒造縣舍遂陷其罪遐與會稽內史何充牋乞留百日窮翦逋逃退而就罪無恨也充申理不得乃竟坐免官(四三上)

慕容德載記其尚書韓諄上疏曰……百姓因秦晉之弊迭相

蔭冒，或百室合戶，或千丁共籍，依託城社，不懼熏燒，公避課役，擅為奸宄……今宜隱實黎氓，正其編貫……德納之……遣慕容鎮率騎三千，緣邊嚴防，備百姓逃竄。以𧨳為……行臺尚書，巡郡縣隱實，得蔭戶五萬八千。（據往）

《齊書·州郡志》：南兗州鎮廣陵……時百姓遭難，流移此境，流民多庇大姓以為客。元帝大興四年，詔以流民失籍，使條名上有司，為給客制度，而江北荒殘，不可檢實……永明元年，刺史柳世隆奏：尚書符下土斷條格，並省僑郡縣。凡諸流寓，本無定憩，十家五落，各自星處。一縣之民，散在州境，西至淮畔，東届海隅。今專罷僑邦，不省荒邑，雜居舛止，與先不異。離為區斷，無革游濫。謂應同省，隨界

并帖著録至凡聚二三百家井甸可脩區域易分者別詳立

其僑郡六縣下邳郡の縣淮陽郡三縣東莞郡の縣以散居

無實土官長無廨舍寄止民村及州治立見有民戶帖序（十の上）

寄隋書食貨志都下人多爲諸王公貴人左右佃客典計衣食

客之類皆無課役……客皆注家籍（卅の上）此諸府許之客也陳

書宣帝紀太建二年詔其籍有巧隱并王公百司輒受民爲程

蔭解還本屬（卅の下）此諸蔭之客也蔭庇以求利趙以蕭虎曰

食客數百人使相屈（卅上）則其意又不在此矣

流亡○晉書天文志元興元年七月大饑人相食浙江以東流亡

十六七吳郡吳興戶口減半（十三の下）星氣陰 又本處之傳……爲……

〈會稽內史〉……居郡八年，豪右斂跡，亡戶歸者三萬餘口。（七上5下）此蓋因豪右斂，此所流亡之復歸邪。

宋書州郡志：淮西，三國時江淮為戰爭之地，其間不居者各數百里。此諸縣並在江北淮南，虛其地，無復民戶。吳平，民各還本，故復立焉。其後中原亂，胡寇屢南侵，淮南民多南度。成帝初，蘇峻、祖約為亂於江淮，胡寇又大至，民南渡江者轉多，乃於江南僑立淮南郡及諸縣。四五站遷兵荒而流亡者。

南史郭祖深傳：梁武帝時，祖深輿櫬詣闕上封事，其略曰：……頃擢用勳舊為三陲州郡，不顧御人之道，惟以貪殘為務，迫脅良善，害甚豺狼。江湘之人尤受其弊。自三關以外，是處遭毒。而此勳人投化之始，但有一身，及被任用，皆募部曲，而

搜捕之人逼以索賄多致甚衆刺甚傷財皆虛名上隱止迭出
三諱名在逃役身狀縱罪又懼户房檢閱於是賄之使隨僞之
之與良民以故又謂與以本籍人往投親為之立及投靠將客
主將無恩存卹失理多有物故輒刺數亡者有方預戰場而名
在數月盜符下詳稱為逃數錄背家丁合家又數則取同籍之
之又數則取比伍之之又數則望村而取一人有犯則合村皆
安插保甲時除藩鎮權貽而盤符猶千……安止 梁為良民
茫迷莫付其為承嘉大守……所部樸陽縣山谷險峻為逃匪
所聚於以二千石訪緝莫得息求為下策示恩信凡詳向壼
繈負而出編户籍計二百餘家自是商賈流通居民安業云

三正

宋书良吏传序：元嘉之治，宰牧人民，即事積難，鑄免……

齐治於时可见（见三正）。亦不足道矣，其亦穆而已。晋书高阳

王睦传：武帝受禅，为中山王……咸宁三年，睦遣使募徙国内八

县受逋逃私占及变易姓名诈冒复除者七百馀户，冀州刺史

杜友奏睦招诱逋亡，不宜君国。有司奏事在赦前，应原。诏……

贬睦为丹水侯……（四正）

黄白籍。通鉴晋成帝咸康七年，诏实王公以下至庶人，皆正土

断白籍。注：时王公庶人，多自北来，侨寓江左，今皆正土著为断。

晋之白籍也。白籍者，户口版籍也。宋齐以下有黄籍。见六八下

籍之制。齐书虞玩之传：建元二年，诏朝臣曰：黄籍，民之大纪，国之治端……

先是宋世人籍……[illegible]

之治端自頃氏俗巧偽爲日已久遂乃竄注爵位盜易年月增
損三狀貿襲萬端或戶存而文書已絕或人在而反託死叛回
停私而云隸役身強而稱六疾編戶齊家少不如此皆政之巨
蠹教之深疵比年雖却籍改書終無得實若約之以刑則民偽已
遠若綏之以德則勝殘未易卿諸賢並深明治體可各獻嘉謀
以振澆化……玩之上表曰宋元嘉二十七年八條取人孝建
元年書籍衆巧之所始也元嘉中故光祿大夫傅隆年出七十
猶自手書籍躬加隱校……古之共治天下唯良二千石今欲求
治取正其在勤明令長凡受籍縣不加檢合但封送州州檢得
實方却歸縣吏貪其賂民肆其奸奸彌深而却彌多賕逾厚而

答愈後自泰始三年至元徽四年揚州等九郡四號黄籍共却
七萬一千餘戶于今十一年矣而所正者猶未四萬神州奥區
尚或如此江湘諸郡倍不可念愚謂宜以元嘉二十七年籍爲
正民惰法既久今建元元年書籍宜更立明科一聽首悔迷而
不反依制必戮使官長審自檢校必令明洗然後上州永以爲
正若有虛昧州縣同咎今戶口多少不減元嘉而板籍頓闕弊
亦有以自孝建已來入勳者衆其中操干戈衛社稷者三分殆
無一焉勳簿所領而詐注辭籍浮遊世要非官長所拘錄復爲
不少尋蘇峻平後庾亮就温嶠求勳簿而嶠不與以爲陶侃所
上多非實錄尋物之懷私無世不有宋末落紐此巧尤多又將

位既癖豐卹而祿賞閏甚微而人領數黨知以二條天下合役
之身已據其大半矣又有改注籍狀詐入仕流苦（昔）[illegible]爲人者
今反役人又生不長髮便謂爲道填街溢巷是處皆然或抱子
并居■竟不編户遷徙去來公違土斷屬役無滿流亡不歸寧喪
終身疾病長臥法令必行自然競反……上省玩之表納之乃
別置板校籍官置令史限人一日得數巧以防懈怠於是貨賂因
緣籍注雖正猶強推却以充程限至世祖永明八年謫巧者戍
緣淮各十年百姓怨望世祖乃詔曰夫簡貴賤辨尊卑者莫不
取信於黃籍豈有假濫榮爵雜服非分故所以澄革虛妄式允」
舊章然釁起前代遠非近失既往之愆不足追咎自宋昇明以

前宵聽服注：其有謫役邊疆，各許還本，此後有犯，嚴加翦治。（四

四上）　南史虞玩之傳：玩連年不已，貨賄潛通，百姓怨望，下叛。

永明二年冬，唐寓之反，事四七下。齊書紀寓之反在四年。

（三上）南史紀讓宇文獻王傳六之四至籍獻上，上拒之，因乃詔

無此事

聽復籍注（四二下）。南史同（四二下）。齊書沈文季傳六之四至……

之黃時連年檢籍，百姓怨望，寓之同（四四下）。　南史王僧

孺傳：入直西省，知撰譜事。先是尚書令沈約以為晉咸和初，蘇

峻作亂，文籍無遺。後起咸和二年以至於宋，所書並皆詳實，並

在下省左戶曹前廂，謂之晉籍，有東西二庫。此籍既並精詳，實

可寶惜，位宦高卑，皆可依案。宋元嘉二十七年始以七條徵發

既立此科人姦互起僞狀巧籍歲月滋廣以至於齊患其不實
於是東堂校籍置郎令史以掌之競行姦貨以新換故昨日卑
細今日便成士流凡此姦巧並出愚下不辨年號不識官階
注隆安在元興之後或以義熙在寧康之前此時無此府此時
無此國元興唯有三年而猥稱四五詔書甲子不與長曆相應
校籍諸郎亦所不覺不才令史固自忘(?)言臣謂宋齊二代士
庶不雜役減闕職由於此籍以前籍所餘宜加寶愛武帝以
是留意譜籍州郡多離其罪因詔僧孺改定百家譜(五九上)
開亡叛○宋书武帝紀永初元年八月辛亥開亡叛赦限內首出
蠲租布二年先有資狀黃籍猶存者聽復本注(三四上)　齊书柳

其隆付尚書籍日流移者……窮敝入境輒加撫慰開示出塞

必處窮追。（平の之比）宋書孝武帝紀大明二年六月丙申詔曰

往因師旅，多有逋亡。或連山染逆，懼致軍憲；或辭役憚勞，苟免

刑罰。雖約法從簡，務思弘宥，而固令隱下，而跧伏猶多，豈習通者

性樂無難，反將在所長吏宣導殊方，可普加寬宥，咸與更始。宥

（上）至二月癸巳，車駕閱武詔曰……凡逃亡在今昧爽以

前，逃叛原赦已滯圍固者，特還本役……（比）又明帝紀泰始二

年三月癸丑，原赦揚南徐二州（囚）禁，凡逋亡一無所問。（比）

宋書羊玄保傳……補宣城太守。先是劉式之為宣城，立吏民

亡叛制，一人不禽，符伍里吏送州作部；若獲者賞位二階。玄保

以為非宜，除之。曰……一人不測，坐收甚多，既懼重負，互為相

計虞玩之表：必被禁於又於倉積數身數非讀情既無措對坐

陵勞吏名為虞假所捋實多……宋、齊之制精僞（四〇2下）方作（南）史

梁武帝時賈見西北移史十二年五第（二）10上 五七八葉（三）3下 8上 9下 果方 10上

陳書宣帝紀：太建二年八月甲申詔曰……軍士年登六十

悉許放還，巧手於役死亡及與老疾，不勞訂補。其籍有行隱并

王公百司輒受民為程蔭，解還本屬，開恩聽首，在職治事之身

須通相檢示，若有不推，當局任罪。令長代換，具條解舍戶數付

度。後人戶有增進，即加擢賞；若致減散，依事准結……（四2下）

通為左右。○陳書始興王叔陵傳：遷……湘州刺史……潘湘以

處管邑爲右右禮里胥無遺者其中[illegible]隱[illegible]殺其實不出

行江

征役充運之數。晉書王羲之傳……羲之與尚書僕射謝安書曰……

……自軍興以來，征役及充運死亡叛散不反者衆，虚耗至此，而

補代循常，所在凋困，莫知所出。上命所差，上道多叛，則吏及叛

者席卷同去。又有常制，輒令其家及同伍課捕。課捕不擒，家及

同伍尋復亡叛，百姓流亡，戶口日減，其源在此……（八十上）

檢括民戶，多者少貲實。宋書陸徽傳：元徽三年四月遣者於

郡列謝州檢括民戶，窮老尤甚，或[illegible]隱誅調，丁壯猶有生業，隨

宜寬申費財足以充限者，皆令洗畢。（九上）

軍户口 晉書慕容寶載記遵垂遺令校閲户口罷諸軍營分屬郡
縣（卅頁） 宋書州郡志南彭城蕃令義熙初免軍户立遂誠縣
武帝永初元年改從舊名薛令義熙初免軍户為建熙縣永初
元年改從舊名（卅五頁） 又劉粹傳弟道濟……蜀土僑舊翕然並
反道濟惶懼乃免吳兵三十六營以為平民分立宋興宋寧二
郡（四五上）
嚴定之書志○宋書劉敬宣傳……除宣城内史襄城太守宣城
多山縣郡舊立屯以供府郡費用前人多發調工巧造作器物
敬宣到郡悉罷私屯唯伐竹木治府舍而已亡數多首出脩
三千餘云（四七上）

僧尼不貫人籍。南史郭祖深傳：以爲都下佛寺五百餘所，窮極
宏麗，僧尼十餘萬……所在郡縣不可勝言。道人又有白徒，尼
則皆畜養女，皆不貫人籍，天下戶口幾亡其半（七一〇上）
奴婢不爲編戶。梁書紀天監十七年八月詔以兵騶奴婢男年
登六十，女年登五十，免爲平民（三〇上）南史（四〇上）
戶籍口當。方禮志陳謏錄領二事……重構期讖口……子爲
首編列名黃籍……咸康二年（卅一上）集此議在。隋書經籍志地理類又
康六年戶口簿記三卷（卅三下）。子方州郡志，郢州武昌郡，真
陽戶口簿無。西陽郡期思戶口簿，咸和三年；齊興郡上黃戶口簿，咸和三年，東
牂牁郡，咸和三年戶口簿（十五下）。東洮郡，新置無屬縣；左郡，咸和三年，屬縣皆缺（十七上）

宋书孫處傳：字季高……籍注季高，故字行於世（四九上）

宋书孝義傳何子平……揚州辟從事史……母本側庶，籍注

失實，年未及養，而籍年已滿，便去職歸家。時……顧覬之為州

上綱，謂曰：尊上年實未八十，親故所知，州中差有微祿，當啓相

留。子平曰：公家正取信黃籍，籍年既至，便應扶侍私庭，何容以

實年未滿，苟冒榮利……覬之又勸令以母老求縣，子平曰：實

未及養，何假以希祿。覬之益重之（九一七上）南史[illegible]傳子作

「……為司徒左西曹掾，母年八十，籍注未滿，便去職還」

養（卅五）

户主口　宋书孝義傳：蔣恭，義興臨津人也。元嘉中，晉陵蔣崇平為劫

見隋書云與羣書果異帝部曲錯歸部曲先以不在本村還以書良

而已避以移寄蕃家討錄歸部曲不模收足協付獄治罪蕃協並

款合住歸部曲家口而不知勒持蕃列歸部曲者良是歸之配之今

有蕃家者其不求出免協之不協是戶三堤制所由處匠制蕃諸制戶內

之段疏有罪之有闌協而已出免不出還歸七三條部曲家口

隸勸賊以之人也其種方所至年紫云五丁弗離承先以世襲

類而或依制當此人亦付獄來及結竟隸指部籍……充以亦

付處……隸書訂不寄隨所隸及本貫門戶無問妻罪小郎……

還六三六七

領三以後口子而百户志三公 尉司 徒司空 寫司 通直司徒府領天下

州郡名数户口簿籍（十六下） 尚书……有职一人。吏兵士百
工补役死叛者代、年老疾病解遣……兵工死叛、考剔讨补差
州百役兵器诸营署人领州郡租布人民户移徙。州郡县簿帐
城邑民户之割属（十六上）
丁年。宋书范泰传……陈时务曰：……礼十九为长殇，以其
未成人也。十五为中殇，以为尚童幼也。今以十六为全丁，则备
成人之役矣。以十三为半丁，所任非复童幼之事矣。岂可伤夭
理违经典，困苦万姓，乃至此乎。今宜修礼文，以二十为全丁，十
六至十九为半丁，则人无夭折，生长繁息（十六下） 宋书良
吏传徐豁元嘉初为始兴太守，三年遣大使巡行四方，并使郡

孫元言換巷饋罔以數除三年共一曰戰古田代丈年滿十六便課米六斗閏十五以下至十三謂課米三十斛……(九二上)

唐戶口之數○舊書叡宗傳又置九豆和古宮城主軍同民戶籍而唐誌重成於宋家之(五七上)

民部○北史隋本紀考證工部尚書樊子蓋工隋書作民本卷七年五月六云以東都太守樊子蓋為民部尚書唐宗家按杜民通典云後周置大司徒其屬有民部中大夫二人掌計人民之數隋改度支為民部唐以避諱改民部為戶部子蓋本傳云還除戶部尚書則工部誤也又紀有吏部尚書隋之民部即紀之吏部(十二下)

魏造户籍○ 子书魏房传咏昭……年 魏太和九 初令隣里党各置一

长五家为邻五邻为里五里为党の年十 大和造户籍分置州郡

……宋也之 魏书高祖纪太和十年……二月甲戌初 立党

隣三长定民户籍也不比妻均田之诏九年十月丁未 矣

瞻传……宗主三长瞻为东莞十三为使要比户籍……の之

外戚传阎毗弟德子丑段娼为庄古和也和立三长以庄为定

户籍方使昔有时虚の三上之 李孝伯传见罗子世迁于宗

给事中时国发流散居各有占集书世乃上疏陈均量之制

李安世传宗之乃得田之制 相此为册三之 安世時授有

否三一作详截书疏

補元魏雜戶及戶籍之制，可參魏書高祖紀太和五年（七上7下）出閱遺籍○又高祖紀太和十一年七月己丑詔曰：今年穀不登，聽民出關就食，遣使者造籍，分遣去留，所在開倉賑恤（七下1下）。九月庚戌詔曰：去夏以歲旱民飢，須遣就食，舊籍雜亂，難可分簡，故依局割民，閱戶造籍，欲令去留得實，賑貸平均。然乃者以來，猶有餓死衢路，無人收識，良由本部不明，籍貫未實，廩恤不周，以至於此……可重遣精檢，勿令遺漏（七下1下）。

長之制○魏書李沖傳：遷內秘書令、南部給事中。舊無三長，惟立宗主督護，所以民多隱冒，五十、三十家方為一戶。沖以三正治民，所由來遠，於是創三長之制而上之。文明太后覽而稱善

引見公卿議之……咸稱方今有事之月校比民户新舊未分
民必勞怨請過今秋至冬閑月徐乃遣使於事爲宜沖曰……
若不因調時百姓徒知立長校户之勤未見均徭省賦之益心
必生怨宜及課調之月令知賦税之均既識其事又得其利因
民之欲爲之易行著作郎傅思益進曰民俗既異險易不同九
品差調爲日已久一旦改法恐成擾亂之三長以乃引[illegible]天（鄭羲高祐等言訹求）
下一法言似可用還（窮豫自忘至此）太后曰立三長則課有常準賦有恒分
蔭之户可出僥倖之人可止何爲而不可羣議雖有乖異然惟
以變法爲難更無異議遂立三長公私便之（今三行）（未隨之）
食貨志言[illegible]……[illegible]立三長之[illegible]共爲男女

力。北の延蓋即本於傳思益所謂九品差調歟？世祖紀延和三年二月……令州郡縣隱括貧富以為三級，其富者租賦如常，中者復二年，下窮者復三年……の延則一時權宜之制也。又隋志……河清三年定令……命人居十家為比鄰，五十家為閭里，百家為族黨。北の延歟？書太武五王傳臨淮王譚之孫孝友奏云：自令制百家為黨族，二十家為閭，五家為比鄰。百家之內，有帥二十五人，徵發皆免，苦樂不均，羊少狼多，復有蠶食，此之為弊久矣。京邑諸坊，或七八百家，唯一里正、二史，庶事無闕，而況外州乎！請依舊置，三正之名不改，而百家為四閭，閭二比。計族省十二丁，得十二疋貲絹，略計見管之戶，應二萬餘族，一歲出貲

隋二十の前丈十五丁出一寓兵計得一萬六千兵此當國兵

人之遷也（甲）（張）此為本傳上首平生隋志隋高祖……頒新

令制人五家為保，保有長，保五為閭，閭四為族，皆有正。畿外置

里正，比閭正，黨長比族正，以相檢察焉（四五上）

給事出　為民籍○魏書薛野賭付高宗初為稱羽林監給事中典

民籍事。按計戶口頗為精詳（四の四）邊書李沖請以給事，

中建儀見上

民籍地圖不藏於府，府仰為書議之遷（九上）顏書溫習校建傳記

丁　○隋書食貨志述東晉之制男女年十六已上至六十為丁

男年十六亦半課，年十八正課，六十六免課，女以嫁者為丁，若

在室者年二十乃爲丁。其男丁每歲役不過二十日。又率十八人出一運丁役之。（同上）

河清三年定令……男子十八以上六十五以下爲丁，十六已上十七已下爲中，六十六已上爲老，十五已下爲小。率以十八受田輸租調，二十充兵，六十免力役，六十六退田免租調。（同上）

後周司役掌力役之政令。凡人自十八以至五十有九，皆任於役。案又云司賦掌功賦之政令。凡人自十八以至六十有四與輕癃者，皆賦之。其賦之法，有室者歲不過絹一疋，綿八兩，粟五斛，丁者半之。其非桑土，有室者布一疋，麻十斤，丁者又半之。又云武帝保定元年，改八丁兵爲十二丁兵，率歲一月役。（同上）然未言其附丁之重。（同上）

隋男女三歲已下爲黃，十歲已下爲小，十七已下爲中，十八已上爲丁，丁從課役，六十爲老乃免。（同上）開皇三年正月，帝入新宮，初令軍人以二十

一 隋丁減十二番每歲二十日役（江）

北齊紀己。魏書韓茂傳子均……定州刺史轉青冀二州刺史……廣阿澤在定冀相三州之界土廣民稀多有寇盜乃置鎮以靜之以均在冀州劫盜止息除廣阿鎮大將加督三州諸軍事……先是河外未賓民多去就故權立東青州為招懷之本新附之民咸受優復然舊人奸逃者多往投焉表陳非便朝議罷之後均所統劫盜頗起顯祖詔書誚讓之又以五州（相青東青定冀）民戶殷多編籍不實以均忠直不阿詔均檢括出十餘萬戶（五〇六）

又李崇傳出除……揚州刺史……定州流人解慶賓兄弟坐事俱徙揚州弟思安背役亡歸慶賓

謹按彼追責親德而貴乃謂賊所死亦詐稱其為人所殺以

明矯弊端難思其見宜蠲辯……（六〇）然而高祖之律……

上疏曰：……頃年以來，多有徵發，民不堪命，動致流離，苟保妻

子，競逃王役，不復顧其桑井，憚比（四四）刑書，正由賞罰有國之

理，朝無自安之願者，聽開若在業保役徵甄，則罷其必家鄉田

於旅撥筆之日，大赦詳民，令不務以理還之，但列蔭將，切勒州

難至之處，其兵多為業強與（在懷在）富甲（七〇）　於是高向所付

天保三年，文宣至營州，使博陵崔柳使於高麗，求魏末流人■

……以五千戶反命（四〇）

北齊戶籍論闕○齊書孫搴傳：兵昌中，從高曰：……民流隱漏

而徒滋不平官僚理论而卑官亦免士庶同悲其徒怀怨中正素望于下里主粜舞弊于上豪真伪混淆知而不纵得者不欣其于借贯使门籍之等而泾渭淹辨应同何者乐赴异土人居职不以当业与土俟若也不已（忘四）龙好有竞弃户生飘荫他土或诡名托籍散在人间者之今山薮逋藏之今挟仗疆良寄命衣食又应迁之户逐乐诸州应留之徒避官投簇职人子弟随迁浮游于西北南下居奠定闾禁不修任意取適如此之徒不可胜数底平不虞而因百万争为业……流派之徒皆须注核……（六止）

[illegible]收藏 使老口北史李顺传出[illegible]顺[illegible]孙仕子侄多外[illegible]高阳摩之

及其統内之諸主，悉廢放，收其所攝民，當復其本，宜寶川
賦役籍注，老幼武帝〔時〕楷殺之，肝膽塗地也。（四三五）
閲括户口，悉檢口。北史李義深傳：弟幼廉……遷瀛州長史，屬神
武川經冀部，團合自於六州文籍，商權户口增損，親自部分，多
在馬鞍，黄文簿指影取備，事非一緒，幼廉遊撫立成，恒先期會，
爲諸州準的……（四三三 1762）
析户口數以權遷傳……行豫州事，即其事也。子析户分籍之三
所廣占田宅，藏匿去奴，隱容陂害，使盜爲私，爲御史中尉王顯
所通免及（四二九）……傳：世祖嘉其忠，起家卒大宗陞
户協國其祖嘉之……授……青州刺史。祖準之孫文爲本書

州刺史以下私養者私幸所招引流民爲客數千餘家以
相倚合多旋能入冀州積三十年析別有數萬戶故高祖李安以校
天下人戶最爲大族（據北史の三）
北州青州又北州滄州○北史朱瑞傳瑞以青州樂陵有朱氏意
欲於之欲求爲青州中正又以滄州樂陵亦有朱氏而心好河
北遂乞三從河北滄州樂陵郡俗讀之仍附滄州大中正の
九上
蘇綽制定戶籍法○周
戶籍之法（卅三條）
魏僧尼數○魏書釋老志太和元年……自正光至此京城內

寺，新舊且百所，僧尼二千餘人，四方諸寺六千四百七十八，[illegible]僧尼七萬七千二百五十八人……十年冬，有司又奏：前被勅以勒籍之初，愚民僥倖，假稱入道，以避輸課，其無籍僧尼罷遣還俗。重被旨，所[illegible]檢僧尼，寺主、維那當寺隱審，其有道行精勤者，聽仍在道；為行凡粗者，有籍無籍，悉罷歸齊民。今依旨簡遣，其諸州還俗僧尼，合一千三百二十七人。奏可。十六年詔：四月八日、七月十五日，聽大州度一百人為僧尼，中州五十人，下州二十人，以為常準，著於令。（財政）

北魏僧祇戶。魏書釋老志：沙門統曇曜奏：平齊戶及諸民，有能歲輸穀六十斛入僧曹者，即為僧祇戶，粟為僧祇粟，至於儉歲，賑

給饑民又請民犯重罪及官奴以為佛圖戶以供諸寺掃灑歲
兼營田輸粟高宗並許之於是僧祇戶粟及寺戶遍於州鎮矣
（止）魏書釋老志……唐滁州轄戶五萬（止）　杜牧書於至
紀天復四年十二月至赤大上皇赤山明……曰其話細佐之樓
及所在百不害戶之（八外）　魏書慕容白曜傳　起東陽……城
內戶八千六百口の萬一千餘戶三百餘（戶五千）　魏書景
穆十二王傳子推子爾宗初……遷冀州刺史遂以謝託先
無籍貫良募轉告籍又以謝改籍背判殺之以充軍用
奸人不厭乃共構遂為形網金馬御史捕令驗事與遂故同除
名遂除林不已敕戶曹重究乃投獄（下外）　魏書崔宗傳

昭二年九月乙卯，免峯營户爲揚州民。（八北）閹官傳：仇洛齊
魏初禁網疏闊，民户隱匿漏脱者多。東州既平，綾羅户民樂葵
因是請採漏户，供爲綸綿。自後逃户占爲細繭羅縠者非一。於
是雜營户帥遍於天下，不屬守宰，發賦輕易，民多私附，户口錯
亂，不可檢括。洛齊奏議罷之，一屬郡縣。（九四北）　魏書高祖紀
延興元年十月，沃野、統萬二鎮敕勒叛，詔太尉隴西王源賀追
擊至枹罕，滅之，斬首三萬餘級，徙其遺迸於冀、定、相三州爲營
户。（七上北）　周書武帝紀：建德六年八月，詔曰：以刑止刑，世輕世
重。罪不及嗣，皆有定科。雜役之徒，獨異常憲，一從罪配，百世不
免。罰既無窮，刑何以措？道已沿革，宜從寬典。凡諸雜户，悉放爲

民配隸之科因之而別（六之上）　隋書高祖紀開皇十年五月乙未詔曰魏末喪亂寓縣瓜分役車歲動未遑休息兵士軍人權置坊府南征北伐居處無定家無完堵地罕包桑恒為流寓之人竟無鄉里之號朕甚愍之凡是軍人可悉屬州縣墾田籍帳一與民同軍府統領宜依舊式罷山東河南及北方緣邊之地新置軍府（二之上）隋食貨志周武帝建德二年改軍士為侍官募百姓充之除其縣籍是後夏人半為兵矣（四之下）　隋書刑法志自魏晉相承死罪其重者妻子皆以補兵魏虜西涼之人沒入名為隸戶魏武入關隸戶皆在東魏後齊因之仍供廝役建德六年齊平後帝欲施輕典於新國乃詔凡諸雜戶悉放為百姓

自是與復雜（五上）（山五下）

北魏檢括民户。《魏書·高祖紀》：延興三年九月辛丑，詔遣使者十人，循行州郡，檢括户口，其有仍隱不出者，州郡縣户主並論如律。（七上）又太和十四年十二月壬午，詔依準丘井之式，遣使與州郡宣行，條制隱口漏丁，即聽附實；若朋附豪勢，陵抑孤弱，罪有常刑。（七下 三下）《肅宗紀》：熙平二年五月，詔[illegible]……僑寄軍府，亦宜沙汰，籍貫不實，譬使糾案，聽自相首，遁逃加罪。（八 二下）《孝靜帝紀》：武定二年十月丁巳，太保孫騰、大司馬高隆之各為括户大使，凡獲逃户六十餘萬。（甲 五上）《北齊書·高隆之傳》：乃為尚書令右僕射……自軍國多事，冒名竊官者不可勝敬陳者：奉諭檢括獲五萬餘人，恐滋小譁，蹈隆……謹而止……

武定中爲河北括户大使（見此）　魏書孫紹傳：紹[illegible][illegible]上書論

政要……三曰國之資儲，唯籍河北，饑饉積年，户口逃散，生長

姦詐，因生隱藏，出縮老小，妄注死失，收人租調，割入於己。人困

於下，官損於上，自非更立權制，善加檢括，損耗之來，方在未已

請求其遺議的宣傳檢時當康（去此）　魏書高謙之長子孝孺，興

和初……時四方多有流民，子孺爲畿北豫西兗三州檢户

使，所獲甚多（見此）　隋書食貨志：是時法網寬弛，百姓多離舊

居，闕於徭賦，神武乃命孫騰、高隆之分括無籍之户，得六十餘

萬，於是僑居者各勒還本屬，是後租調之入有加焉……文宣

……志：豪黨兼并，戶口益多隱漏。舊制，未娶者輸半牀租調。陽翟一郡，戶至數萬，籍多無妻。有司劾之，帝以為生事。由是姦欺尤甚，戶口租調，十亡六七。（卷廿四）

此可為循吏宋世良傳……為殿中侍御史，詣河北括戶，大獲浮惰……還，孝莊勞之……知卿所括得丁倍於本帳，若官人皆如此用心，便是更出一天下也。（同上）

周刑書要制，正長隱五戶及丁以上，及地頃以上，皆死。隋書刑法志。蓋即此。周書武帝紀建德六年十一月初行刑書要制……正長隱五戶及十丁以上、隱地三頃以上，皆至死。刑……

……（十卷）

置官依戶口。晉書職官志：郡縣吏皆據戶數（皆為多少）。御史佐等亦然。（卅四頁）

魏书高祖紀太和十三年十一月議定州郡縣官依户給俸（七下）

此■事歷代皆然，則按官俸吏多可知户數，但不盡可考且亦有

占著之數耳。

晉書北狄承他等户數○晉書桓■伊傳桓沖卒遷……江州刺史

……伊到鎮以邊境無虞宜以寬恤為務乃上疏以江州虛耗

加連歲不登今餘户有五萬六千宜并合小縣除諸郡逋米移

州還鎮豫章詔令移州尋陽其餘皆聽之（八下）。晉書劉毅傳為江州都督

毅上表曰今江左區區戶不盈數十萬（八五下）江左宋書本傳

偕江右（五二下）晉書隱逸傳上疏陳便宜七事……共二戶

口闕寡不當漢之一郡（六六上）宋书顧覬之傳山陰民户三萬

海內劇邑（宋書良吏江秉之傳：出爲山陰令，民戶三萬。宋書）

齊書顧憲之傳：西陵戍主杜元懿乞領攝浦陽南北津及柳浦四埭，憲之議曰：……山陰一縣，課戶二萬，其民貲不滿三千者，殆將居半，刻又刻之，猶且三分餘一。凡有貲者，多是士人復除。其貧極者，悉皆露戶役民，三五屬官，蓋惟分定，百端輸調，又則常然。比眾局檢校，首尾尋續，橫相質累者，亦復不少。一人被摘，十人相追；一緒裁萌，千蘖互起。蠶事弛而農業廢，賤取庸而貴舉責，應公贍私，日不暇給，欲無爲非，其可得乎？死且不憚，矧伊刑罰；身且不愛，何況妻子。是以前檢未窮，後巧復滋，網辟徒峻，猶不能悛。竊尋民之多偽，實由宋季軍旅繁興，役賦殷重，不堪

勤劉備以討傳倩習生常逢逆忘反の海之大藥唐之家心周
考卷錄平陰一化宜以斷不可疾責識存不播蕪疾納許贊授
寧曠務詳覽簡則精自調適(四八)　侯之葉絹得疆州刺史
王濬讀隋楊頭兩晉書之の五五荒州張不足盡(元紀)　鄧方
臨震之從來隴西，懿從男女三萬餘口(一〇二)　隋書操韓傳
王琳入寇，以瑾爲……郢州刺史……周遣大將史寧來の
蔣舊屋舍無，攜眼隨浮無主者……以至之京畿，軍民男女三
千餘口(四五上)　寶琳至鎮，其傳印隨衡城……賊內東前山落
餘萬之(四五上)

晉至隋户口數○隋書地理志所載晉太康時户二百六十餘萬,陳六十萬,北齊户三百三萬,隋户八百九十萬七千五百四十六,口四千六百一萬九千九百五十六。[illegible]晉書宣帝紀,平公孫淵,收户四萬,口三十餘萬。[illegible]武帝紀平吳,收……户五十二萬三千,吏三萬二千,兵二十三萬,男女口二百三十萬。[illegible]地理志劉備……户二十萬,男女口九十萬。孫權……户五十二萬三千,男女口二百四十萬。[illegible]又大康元年平吳,大凡户二百四十五萬九千八百四十,口一千六百一十六萬三千八百六十三。[illegible]南史梁本紀無記,自侯景之亂,州郡大半入魏,自巴陵以下至建康,緣以長江為限,荆州

界北虽书赋所据隐亡自顾以为隐匿者所据上之税所同千
丑而通之亡兼籍不盈三分之一（分所得） 赋者地利出所生已为时
情全国户口之数比夫晋之太康倍而已矣若是之盛者赋犹
第——之户口数满具明太半而出未足移赋入于及司之清数
齐书多往时隐户全数追访合录书之，亡世以为志（通鉴注）
周书武帝纪周东平齐——户三百三十万二千五百二十八
口二千万六千六百八十六（通鉴） 十八上二千万六千八百八（北史户三十万二千五百八）
十六（北史） 隋书纪陈国平（北史） 隋书纪陈国平——户五十万上二百万口
一（据隋书） 其户口——数见其数者世宗纪正始二年
河东大守田吉喜奉郡七郡三十一户万九十内附（通鉴注） 慕

宦官白整傳：起為……陽國戶八千六百，口四萬一千，善理戶

三百餘（宋本無） 北齊書李元忠傳：天平……四年，除……光

州刺史，時州境災儉……元忠表求振貸……被報聽用萬石

元忠以為萬石給人，計一家不過升斗而已，徒有虛名，不救其

弊，遂出十五萬石以振之，若家升則百萬家，斗則十萬家也（卅

二卷） 又書崔暹傳：計見營之戶應二萬餘，雜集百家為族，則

二百萬戶（卅八卷） 周書韓雄傳：事神武，據河花，雄與從祖兄祥

同親黨友得少白……世寧兵，及李弼擊河東，雄與小白等

秉轉民西解、北解、安邑、溫泉、虞鄉等六縣戶十餘萬附（卅七卷）

隋書李德林傳：蘇威奏置五百家鄉正，即令理民間辭訟

賦之交，且令時……户下不過數百，形於六七百萬户內許簡
料百務(?)令猶(?)不於祿(?)廿(?)才月引於一條之內選一人於諸五百
家州必然雜(?)得(?)回(?)征(?)　於(?)是而謝(?)於紀遷(?)書種於數户四十萬
依張敍道二張
僭偽諸國户口○晉書石勒載記　石季龍(?)……文武等一百二
十九人上疏……請依劉備在蜀、魏王在鄴故事，以河內等二
十四郡户二十九萬為趙國，西內(?)[illegible]華郡縣(?)八千五百二十
九户
慕容暐載記　尚書左僕射悅綰上疏曰……今之見户
而弓(?)障之一出籍(?)
苻堅載記　堅入鄴宮，閱其名籍，凡……
……户二百四十五萬八千九百六十九，口九百九十八萬七千五……

九百三十五（晉三上）　又慕容寶載記：劉雅等持解子劉所侵

七縣戶三萬八千諸安諸出收（四二上）　又所部統縣八部戶

七萬六千八百……悉獲之（六上）　秘和出視於大抵王年牧犍

陰相招聚，因戶口二十餘萬（四五上）三出同

蜀此縣人口，以為勝太口，首尾乃未，數中高陽人冀氏

東女不養，縣自於中帝，帝以其遂（四二上）　王濬傳：降巴

郡太守，郡邊吳境，兵士苦役，生男多不養。濬乃嚴其科條，寬其

徭課，其產育者皆與休復，所全活數千人……濬於是統兵

先在巴郡之所全育者，皆堪徭役供軍，其父母戒之曰：王府君

生爾，爾必勉之，無愛死也（四二上）　賀循傳：上疏曰……古牧使

蘇曦之子每不能等至成龐後久處其則總及淮南府當諸後
不知其殺人之自有數遂生人之議年一理不知凡百年日明
是以草木無異耔此影是事以悲魂慟哭大直者以豫有禁殺
子之往往發聽之舍然所形露其悽痛而為之豈不且諧無然殺
今宜察其後之淵其視也子山不探察之唯之慎諱所以
聽其意大都可以其嚴姑者得其而止則是可知納風宜出好
輕無擇不修字於庭家內經時令有所記雷使天下不可食
傳得之言年子之中之所説十餘存者十餘或例如則二十餘
見於長言傳與兄弟書之不論　寓於其難傳郭世道字異其序
業備力以養繼母以生一歲之家甚乎日前有供養力獲不足

若殺氏此男兒所費財大乃盡至陰之（九一注）嚴世期，會稽山陰人也……同里張邁三人，妻各產子，時歲饑儉，慮不相存，欲棄不舉，世期聞之，馳往救贍，分食解衣，以相長竟，三子並得成長。

（注）宋書良吏傳：徐豁……元嘉初，為始興太守，三年，遣大使巡行四方，并使郡縣各言損益，豁因此表陳三事，其一曰：郡大田武吏年滿十六，便課米六十斛，十五以下至十三，皆課米三十斛，一戶內隨丁多少，悉皆輸米，且十三歲兒，未堪田作，或是單迥，無相兼通，年及應輸，便自逃逸，既遏接蠻俚，去就益易，或乃斷截支體，產子不養，戶口歲減，實此之由……（九二注）……武帝紀：永明七年……詔曰……今產子不育，特擿常禁，比聞所在

權要有之……宜節以蘇疲敝以惠黎元此爲舊制詳略附之

錫郎之宜稱存焉(三六上)按此云因此不得不與之相(四〇止) 又見61

帝紀某書四年正月詔曰度子女籍其父母調役一年又關東

十五年亦損一年見(元紀) 又見書十七年傳又陽令宣室

子……罷……乃召蜀等舉明律聽令亦以郡縣之長

以懷孤生育者起孫多博事……(卷四上) 隋書后妃傳獨孤

皇后異於是開之如也江南風俗二月生子者不舉後以二

月生由是季父收養之(北史隋紀) 此與郡郎傳陳書宋會稽

撫剡生愚男者皆一不舉翻倍十五傳宋書謝靈運之部

云此極不宜違……

天下之大亦称……〔略〕　其史传[illegible]

[illegible]

[illegible]注

南史刘怀肃传：次弟怀穆……初，武帝产而皇

妣殂，孝皇帝贫薄，无由得乳人，议欲不举。帝从母生怀敬，

乃断怀敬乳而自养帝。怀肃，帝从母兄。（南史十七）　[illegible]

宋书州郡志有各州郡户口数，而地理志亦有。隋书地理志

各郡亦有。

晋书地志载当时户数（[illegible]注）

土断而属△地志○宋书三见，宋八，隋[illegible]

纪见　土断[illegible]二，陈[illegible]

隋貌閱　○隋書食貨志　是時山東尚承齊俗，機巧姦偽，避役惰遊十六七。四方疲人，或詐老詐小，規免租賦。高祖令州縣大索貌閱，戶口不實者，正長遠配，而又開相糾之科。大功已下，兼令析籍，各爲戶頭，以防容隱。於是計帳進四十四萬三千丁，新附一百六十四萬一千五百口。（亞四節）

又裴蘊傳：遷民部侍郎。於時猶承高祖和平之後，禁網疏闊，戶口多漏。或年及成丁，猶詐爲小，未至於老，已免租賦。蘊歷爲刺史，素知其情，因是條奏，皆令貌閱。若一人不實，則官司解職，鄉正里長皆遠流配。又許民相告，若糾得一丁者，令被糾之家代輸賦役。是歲大業五年也。諸郡計帳進丁二十四萬三千，新附口六十四萬一千二百。帝

三七

臨朝覽狀謂百官曰前代無好人致此罔冒今進民戶口皆從
實者全由裴蘊一人用心古語云得賢而治驗之信矣由是漸
見親委（[illegible]）
隋書乞伏慧傳高祖受禪拜曹州刺史曹土舊俗民多姦隱戶口
簿帳恒不以實下車按察得戶數萬（五五九） 令狐熙傳拜
滄州刺史時山東承齊之弊戶口簿籍類不以實熙曉諭之令
自歸首至者一萬戶（五六九）
貨〇[illegible]……見田貲鄉籍也（[illegible]）
營戶〇通鑑[illegible]……民有[illegible]……
營戶[illegible]（[illegible]）

廣平郡户少之故○隋志廣平國曲梁補注

大户小户○舊五代史晉少帝紀天福七年八月詔賜鄴州城内百姓粟大户二斛小户一斛以久困重圍也又通鑑

户口

人類○今地球上只占少數地方人口異常稠密　利用方法適當
於農耕今日多之人口之地方　為耕作改良增產等　然森
林面田　耗竭之地及沙漠移殖中西之沙磧　但須適
引起衆議之可能　世界可容人口若何　吳景超社會的生物基礎叢刊
人口分布應謀改善
避孕○英法德荷皆許正當傳授　蘇俄亦許公開其產婦醫院
婦嬰保健所皆事傳授及實施　全俄衛生人民委員會婦嬰
保健司每年刊布醫政年報詳述正當節育方法應償纖與人
民

節育說始於歐文　吳景超社會的生物基礎叢刊

戰爭與人口 ○ 勝敗無別　死亡率增生產結婚率減 結婚率減 時徵兵入

伍有 四萬破壞隋段或延長至停戰後　復元隋段及之生產

閣

率婚姻率超過常態　歐戰時法生產率減半他國減三之一

疫易盛行 (一)病菌輸入 (二)抵抗力減弱 (三)不能隔離

歐戰殺人之數約四千二百萬

戰爭殺人與性別無 兵男多民男女無分

戰後結婚率之增 (一)本係延緩至此乃補 (二)速婚 (三)以罹須

離事(?)鮮實多

兩性平衡 ○ 在歐洲男子還出多為一國　歐戰前男千女九百

九十九

歐人增殖。十九世紀中一倍（自二萬萬至四萬萬）。移居歐洲外者尚不在
内也。至末年乃下降　每次戰爭人數一二年即恢復　歐戰
後則死亡率下降遲
生產率升降。與兩性平衡無大關係與年齡階級關係大
每人所需耕地。因飲食習慣農業技術土地生產率而不同
大約人二英畝半
世界耕地估計。自六十四萬萬英畝至百八十萬萬英畝萬材
世界陸地十之二以者則十之六矣　估計之法（一）農僕常（二）
乾燥（三）雨量（四）土壤（五）地形
人口增加率。出生率減死亡率

乏食無虞。人口極密如中日比者仍多荒地　不可耕之地實可耕如技術機械施肥所謂科學概造耕地也　或可改品種改食習　人造糧食如酵母糧食又變無機物為有機物不受耕地限制　取食於山　但各種仍有限制如合成食物仍須油及炭水不必皆可漁改良耕殖亦有限界氣候終為移居之障是也　此事因素太多將來變化尤屬難言之也

製造貯藏之法善亦增食物

食物增減。與人口及人之消費量並言方有意義　食物之增少于人口之增則實減　以人口除食糧總產量為基數以逐年以百分比計但其全數所用糧食減他種或增是以補之也

耕地擴張。非土地擴張擴增加生產量或反減

每畝收獲量。須長時期統計乃不為災害掩

合性之妹。由年齡 性别 職業 勞動程度 健康狀况

氣候 衣服居住 宗教 風俗 烹調 應調查一地方有

多少種 要之極難使 價格高下亦一極大因素 代用品

蔬的運輸設備營養知識變化政府統籌生活程度升降皆足

化之一因素

生活程度與食量。食精則量減

勞動與食量。勞力少則消耗少 以機械代亦減食

米蘭國籍。蘭商行八款表示以九八 在國立統治